SV

Diedrich Diederichsen

Körpertreffer

Zur Ästhetik der nachpopulären Künste

Frankfurter Adorno-Vorlesungen 2015

Suhrkamp

Bibliografische Information der Deutschen Nationalbibliothek
Die Deutsche Nationalbibliothek verzeichnet diese Publikation
in der Deutschen Nationalbibliografie;
detaillierte bibliografische Daten sind im Internet
über http://dnb.d-nb.de abrufbar.

Erste Auflage 2017

Satz: Satz-Offizin Hümmer GmbH, Waldbüttelbrunn
Druck & Bindung: Druckhaus Nomos, Sinzheim
Printed in Germany
ISBN 978-3-518-58693-8

Inhalt

I.
Indexikalität und Folgenreichtum

> *»Ja, Gott sei Dank liebäugelt er mit Wirkungen! Ich will, daß der Autor mit Wirkungen liebäugelt! Ich möchte das, ich habe das, ich will, ich will mich nicht langweilen, bei ihm langweile ich mich nicht!«*[1]
>
> Marcel Reich-Ranicki

Ästhetik der Verursachung

Dieses Buch entwickelt und verbindet zwei Thesen, deren Verbindung bislang selten wahrgenommen oder diskutiert wurde. Die erste dieser beiden Thesen lautet, dass die Parallelität und Vehemenz, mit der in den Künsten um 1960 neue, von den technischen Aufzeichnungsmöglichkeiten Phonographie und Photographie geprägte Formate und Formen auftauchen, einen Epochenschnitt markiert, dessen ästhetische Konsequenzen bislang – jenseits ihrer vielberufenen medienkulturellen und medienkommunikativen Aspekte – nicht genug gesehen und gewürdigt worden sind. Offenbar war hierfür nicht schon die bloße Möglichkeit des Photographierens oder Tonaufzeichnens (die 1960 schon seit mehr als hundert bzw. fünfzig Jahren bestand) an sich entscheidend, sondern vielmehr deren Einbettung in allgemein zugäng-

1 Zit. n. Uwe Nettelbeck, »Es war in jeder Weise ein gemischtes Vergnügen«, in: *Die Zeit*, 3. 12. 1965, online unter ‹http://www.zeit.de/1965/49/es-war-in-jeder-weise-ein-gemischtes-vergnuegen›, letzter Zugriff am 3. 10. 2016 (Kursivierung im Orig.).

liche, ja alltägliche Praktiken der Produktion und Rezeption sowie die damit verbundene Entstehung einschlägiger Geschäftsmodelle. So wurden etwa die ökonomischen Konsequenzen der Klangaufzeichnung erst mehr als ein halbes Jahrhundert nach deren Erfindung gezogen, als die Musikindustrie nach dem Zweiten Weltkrieg schließlich im großen Stil von Partituren und Kompositionsrechten auf Aufnahmen bzw. Tonträger als Hauptprodukt umstellte. Analoges gilt, so meine These, auch für die ästhetische Sphäre, die hier sowohl die künstlerische Produktion wie deren theoretische Reflexion umfassen soll.

Meine zweite These lautet, dass mit der zunehmenden Selbstverständlichkeit von Klang- und Bildaufzeichnungseffekten und dem dabei gewonnenen Niveau ihrer künstlerischen Reflexion[2] auch die vormals scharfe Scheidung in ›hohe‹ und ›niedere‹ Kunst gefallen ist. Als Gerücht oder (kulturpolitische) Forderung war vom Ende dieser Trennung zwar immer wieder mal die Rede, *medienästhetisch* aber wurde sie zur Realität. Und weil der Umgang mit diesen Effekten nach und nach alle Genres und Disziplinen gleichermaßen erreicht hat, lässt sich der damit verbundene Paradigmenwechsel weder soziologisch (bürgerliche versus Populärkultur) noch ökonomisch-ideologiekritisch (Kunst versus Kulturindustrie) vollständig beschreiben, son-

2 Dies impliziert die These, dass das Wissen über den Umgang mit aufgezeichneten Körperwirkungen um 1960 selten schon begrifflich ausformuliert, sondern eher im gegenüber der Zeit vor dem Zweiten Weltkrieg deutlich veränderten Erfahrungswissen der künstlerischen Praxis anzutreffen ist (exemplarisch in der im Folgenden genauer betrachteten New Yorker Szene). Die theoretisch-begriffliche Reflexion bedient sich dagegen noch sehr viel länger eines Vokabulars der souveränen künstlerischen Intention und Autorschaft – und noch die ersten Stimmen, die von deren Abschaffung künden, sehen dafür ganz andere Gründe als die Körpereffektwirkungen von Personen in aufgezeichneten Bildern und Klängen.

dern bedarf der ästhetischen Ebene des künstlerischen Umgangs mit Medieneffekten sowie den daraus resultierenden ebenfalls ästhetischen Konsequenzen. Zwar war die Notwendigkeit, diesen Umgang zu erlernen, sicher oft auch ökonomisch angezeigt, doch da das klassen- und bildungsspezifische Wissen der Künste dabei wenig hilfreich ist, beginnen sämtliche Akteure hier zunächst fast auf demselben Stand, gleich aus welcher Tradition sie kommen.

Was von ihnen – wie in den Künsten insgesamt seit circa fünfzig Jahren – ästhetisch gefordert wird, ist ein Umgehenkönnen mit den Medien des Index, sprich: Film, Photographie, Phonographie. Da diese aber weder in der hohen noch in der niederen Kunsttradition direkte Vorläufer haben, entwickeln beide Sphären in der ersten Hälfte des Jahrhunderts zunächst diverse Reaktionen der Abwehr und der Entschärfung (sofern man von einigen Momenten im Surrealismus oder Slapstick absieht, wo solche Effekte schon früh in reiner Form auftreten). Schließlich aber müssen sie sich allesamt demselben Problem und damit der entscheidenden Herausforderung der Kunst des zwanzigsten Jahrhunderts stellen, nämlich der ästhetischen Bewältigung des *Index*, also der Verursachung der Aufzeichnung durch ein Stück Wirklichkeit – ein Effekt, der jenseits sowohl von intentionaler, planender Beeinflussung als auch vom technischen Rahmen (etwa der Kamerabewegung und des Studioaufbaus bzw. der elektrischen Erzeugung, Verstärkung und Verzerrung von Tönen) liegt, sondern vielmehr durch die *Aufzeichnung und Übertragung von Realien selbst* entsteht, insbesondere von physisch präsenten Personen.

Die damit verbundene Herausforderung liegt in der fehlenden oder doch sehr begrenzten Verfügungsgewalt über diese Realien, wie sie die sonst so planvoll verwendeten Medien und Apparate quasi planlos im künstlerisch-medialen Werk erzeugen. Geht es hier doch kaum mehr um die Leistungen prä-technisch-medialer, prä-indexikaler Künste, wie sie traditionell durch Übung, Skills oder Talent zu haben wären, als vielmehr um ›angeborene‹, ›natürliche‹, also mehr oder weniger kontingente und entsprechend unverfügbare Attribute der aufgezeichneten Personen oder Außenwelten, um Sensationen spezifischer Körperlichkeit, Landschaft und Lebendigkeit. Hierin vor allem besteht die Attraktion solch ›unwillkürlicher‹, gleichsam ›rein medial‹ verursachter Spuren lebendiger Menschen im Medium. Wenn im Folgenden von *Verursachung* die Rede ist, so sei der Begriff deshalb in diesem aller subjektiven künstlerischen Gestaltung dezidiert entgegengesetzten Sinne zu verstehen, als ein Machen unterhalb oder neben aller Intention, bisweilen auch dagegen – als Stolpern, Kleckern, Absorbiert- oder auch Süßsein.[3] Die Aufwertung des solcherart Verursachenden bzw. Verursachten beleidigt und irritiert nicht nur das souverän waltende Künstlersubjekt, sondern auch den kulturindustriellen Plan und ermutigt all jene, die beides ohnehin entmachten oder unterbrechen wollen, sei es aus künstlerischen oder politischen Gründen, oder sei es, weil sie in der Attraktivität des Indexes realer Personen das bessere Business-Modell erkennen und so gewissermaßen eine kulturindustrielle Biopolitik begründen.[4]

Wie erwähnt, brauchte es noch recht viel Zeit, bis sich der neue, die nachpopulären Index-Künste konstituierende Me-

3 Der Einfluss der technischen Aufzeichnung von Kindern und Kindheiten in der Alltagserfahrung von Normalbürgern und Kleinfamilien auf die Entstehung der Index-Ästhetik ist nicht zu unterschätzen. Entsprechend stehen heutige Tendenzen zur narzisstischen Infantilisierung und Selbstverniedlichung in einem harmonischen Verhältnis zur allseitigen Verfügbarkeit von (digitalen) Aufzeichnungsmedien.

4 Auch auf der Ebene, die mich während dieser Überlegungen nur als Kontext bzw. gar nicht interessiert, nämlich der des Plots, ist das 20. Jahrhundert von Fragen der Verursachung besessen: Nicht nur, dass mit dem privatwirtschaftlichen Detektiv und dem staatlichen Kommissar zwei zentrale Figuren der Plotarchitektur berufsmäßig nach Ursachen und Verursachern fahnden, die ihnen entgehen (weil

dieneinsatz über die Produktion von Prototypen (wie sie von 1900 bis 1950 vorherrschte) hinausentwickeln konnte, und dann noch einmal viel Zeit, bis die kommerziellen und staatlichen Institutionen sich den neuen Gegebenheiten anzupassen lernten. So sind die meisten künstlerischen Neuentwicklungen auf diesem Feld in konventionell wie institutionell gesehen *zugleich* hoch- *und* populärkulturellen Kontexten erarbeitet worden – und zwar meist als Kritik an der jeweiligen Gestalt von Kulturindustrie, die man wahlweise (von links) kritisieren oder von innen her verfeinern respektive optimieren wollte.

Das Einstürzen der traditionellen E- und U-Differenz ist hier deshalb keine Frage des Niveaus. Das wäre von den alten Hochkulturen her gedacht. Auch markiert es keinen Perspektivenwechsel von ›werkbezogen‹ zu ›rezeptionsbezogen‹, von ›formalistisch‹ zu ›kritisch‹ oder Ähnliches. Stattdessen gibt es, seit die Künste über eine (elektro-)technisch-mediale Seite verfügen, einfach andere ästhetische Valeurs – ohne dass die alten aber deshalb gleich verschwinden würden. Bloß dreht sich nun nicht länger alles *entweder* um leichte Unterhaltung, Mitsingen, Tanzen, Schmunzeln und Rührung *oder* um Reflexivität, Katharsis, Durcharbeiten und Erschütterung, sondern stets und vor allem – nämlich an jener zentralen Systemstelle, wo einst Formulierung, Artikulation und Expression wirkten – um den Index, also gleichsam um die Direktübertragung einer anderen Menschenseele vermittels der technischen Aufzeichnung ihres Körpers, zumal in dessen unwillkürlichen Momenten.

die technische Übertragung zu schnell ist?); auch jenseits dieser Figuren sind die Leute, zumal die Deutschen, so hartnäckig ›dem Täter auf der Spur‹, dass man meinen könnte, all diese Plots seien nur dazu da, die eigentlich technische Frage zu beantworten, die meine Großmutter gegen Ende ihres Lebens so erschüttert wie begeistert immer wieder stellte, wenn sie etwas im Fernsehen verfolgte: »Wie machen die das bloß?«

Das Ereignis ist jetzt die Person per se und nicht mehr deren Können, Wollen oder Meinen – und damit womöglich etwas ganz und gar Außerkünstlerisches. Allerdings funktioniert das Körperereignis in der Kunst nie völlig rein, sosehr verschiedene Leute (allen voran Andy Warhol mit seinen Screen Tests) sich bemüht haben, es pur herauszudestillieren. Immer bleiben die indexikalen Anteile letztlich auf einen non-indexikalen Kontext angewiesen. Kann ihr spezifischer Realitätseffekt – zum Beispiel der eines Photodetails – doch überhaupt nur dann hervortreten, wenn er in einer (egal wie offen) intendierten Umgebung – etwa auf einem ikonisch komponierten Bild – situiert ist. Auch können andere Zeichen ihn verstärken.

Auf dieser Basis möchte ich im Folgenden zeigen, wie die populären und die nichtpopulären Künste seit ca. 1950 in unerwarteten außerinstitutionellen Begegnungen gemeinsam etwas entwickelt haben, was man eine – erst bloß praktische, allmählich aber auch diskursiv erschlossene – Ästhetik des Umgangs mit (elektro- und chemo-)technischen Aufzeichnungsmedien nennen könnte.

Als Ausgangspunkt mag dabei der nicht erst seit gestern diskutierte *gewaltsame* Aspekt der technischen Medien dienen. Schon Walter Benjamin beschreibt deren Spezifik in Metaphern des Zerschneidens und Penetrierens des menschlichen Körpers;[5] Roland Barthes schildert deren Zugriffsweise – an seinem Paradigma der Photographie – als punk-

5 »Magier und Chirurg verhalten sich wie Maler und Kameramann. Der Maler beobachtet in seiner Arbeit eine natürliche Distanz zum Gegebenen, der Kameramann dringt dagegen tief in das Gewebe der Gegebenheit ein«, Walter Benjamin, »Das Kunstwerk im Zeitalter seiner technischen Reproduzierbarkeit, zweite Fassung«, in: ders., *Gesammelte Schriften*, hg. v. Rolf Tiedemann und Hermann Schweppenhäuser, Band I.2: *Abhandlungen*, Frankfurt/M.: Suhrkamp 1980, S. 496.

tierende Durchbohrung;[6] und für Sergej Eisenstein ergehen via Medientechnik synchrone Befehle ans Publikum.[7] Diese Kombination von Schnelligkeit, Direktheit und Gewalt, die sich für neuere Medienskeptiker und Kulturpessimisten wie Bernard Stiegler am regredierenden Umbau der Nervensysteme und Gehirne junger User schuldig macht,[8] bildet aus meiner Sicht heute den *allgemeinen Maßstab für Wirkung* – allgemein deshalb, weil er unausgesprochen auch jene Diskurse bestimmt, die sich offiziell nur für politische und aufklärerische Wirkungen von Kunst interessieren. Außerdem hat inzwischen wirklich *jede_r* diese Wirkungen selber erlebt und verhält sich dazu, gleich wie implizit oder bewusst: Wer die damit verbundenen Effekte als Aufgabe, ja Bestandteil von Kunst ablehnt, lehnt die medientechnischen Künste meist auch im Ganzen ab. Wer dagegen die besondere Versessenheit auf Wirkung teilt, ist meist – selbst wo er/sie deren Aufklärungspotential unverdrossen auf (mittlerweile wohlfeile) Vokabeln wie Provokation und Schock verengt – schon von den medienbasierten Künsten sozialisiert. Und auch als ökonomischer Maßstab ist Wirkung der Nachfol-

6 »[…] denn *punctum*, das meint auch: Stich, kleines Loch […], kleiner Schnitt […] Das *punctum* einer Photographie, das ist jenes Zufällige an ihr, das *mich besticht* (mich aber auch verwundet, trifft)«, Roland Barthes, *Die helle Kammer. Bemerkung zur Photographie*, Frankfurt/M.: Suhrkamp 1989, S. 36.

7 »[…] durch Druckausübung eines bestimmten Effekts auf die Aufmerksamkeit und Emotion des Zuschauers […], dazu geeignet […], die Emotion des Zuschauers in die eine oder in eine andere, vom Ziel der Aufführung diktierte Richtung hin zu verdichten […], eine tendenziöse Auswahl und Zusammenstellung von Ereignissen, die […] entsprechend dem Anliegen das Publikum adäquat bearbeiten.« Sergej Eisenstein, »Montage der Filmattraktionen« (1924), in: ders., *Jenseits der Einstellung. Schriften zur Filmtheorie*, hg. v. Helmut H. Diederichs und Felix Lenz, Frankfurt/M.: Suhrkamp 2005, S. 16.

8 Vgl. Bernard Stiegler, *Die Logik der Sorge. Verlust der Aufklärung durch Technik und Medien*, Frankfurt/M.: Suhrkamp 2008.

ger der einstigen Stückverkaufszahlen. Der kybernetische Kapitalismus der Aufmerksamkeitsverwertung lebt davon, Wirkungsereignisse zu erfassen und zu mathematisieren.

Es wäre also an der Zeit, den Einfluss technischer Medien auf die Künste und deren Praktiken einmal anders zu lesen als immer bloß im Hinblick auf die damit verbundenen Verheißungen und Sorgen. Auf der Reproduktionsseite wären dies klassischerweise: erhöhte Zugänglichkeit, Standardisierung, Nivellierung, Verlust der Aura; auf Produktionsseite hingegen: Erweiterung des Sinnenerlebnisses, Betäubung und Sedierung, Illusionismus und das Verbergen der Gemacht- und Konstruiertheit medial generierter Universen; und von Seiten der kommunikativen Wirkung aus schließlich: Vernetzung, Integration, Partizipation. All diese Chancen und Gefahren sind vielfach diskutiert worden, und angesichts des Umbruchs zu einer digitalen Medienkultur hält die Diskussion darüber notwendig an. Selten wird dabei jedoch bedacht, dass das *Allgemeine des Mediums* im Falle der Aufzeichnungsmedien Photographie und Phonographie eben nicht das ›Allgemeine‹ – sprich hier: Allgemeinverständliche und allseits Anschlussfähige – hervorbringt, sondern im Gegenteil gerade das Einmalige, nämlich die Fähigkeit, sich »als Medium aufzuheben, nicht mehr Zeichen, sondern die Sache selbst zu sein«.[9] Demnach wäre die Tatsache, dass Photos und Tonaufnahmen unmittelbar von der physischen Anwesenheit von lebendigen Personen verursacht sind, also im Sinne von Charles Sanders Peirce ›indexikal‹ zu nennen wären, nicht die einzige Ursache des Realitäts- und Authentizitätseffekts, von dem hier die Rede sein soll. Entscheidend für den besonderen Folgenreichtum dieser Form von künstlerischer Arbeit ist vielmehr auch das der Singularität und Kontingenz von Person und Situation gerade entgegengesetzte *(Massen-)Medium*, dessen standardisierter und standardi-

9 Barthes, *Die helle Kammer*, S. 57.

sierender, vervielfältigter und vervielfältigender Rahmen die indexikal hervorgebrachte Einmaligkeit wirkungsvoll hervorhebt und verstärkt. Erst das Massenmedium schafft den einmaligen Star – dessen massenmediale Feier freilich schon eine Domestizierung dieses Effekts vom Indexikalen zum Ikonischen markiert, eine Vergesellschaftung vom Schock des Singulären zu einer Syntax und Systematik von Maske und Typus.

Wo von Verursachung die Rede ist, stellt sich freilich auch die alte Frage nach der Wirkung neu: Wenn ich nicht mehr den Plan eines Künstlers entschlüsseln oder mich an Schönheitsmodellen reflexiv erfreuen soll, sondern man mir stattdessen direkt nahetritt – was folgt daraus gesellschaftlich? Zunächst sollte man sich von den ungut mechanistischen Metaphern lösen, die solche Kunsteffekte immer nur als werkzeughaft von außen (aber woher genau?) Bewirktes verstehen können: als Verrohung, Aufklärung, Erbauung, Mobilisierung oder Sedierung. Auf der anderen Seite sind bestimmte Teile dieser Metaphorik durchaus nützlich, vor allem gegen jene soziologistischen Theorien, die jedwede künstlerische Praxis bloß als irgendein gesellschaftliches Wirkungs- und Bewirkungsfeld neben anderen wie Handel oder Politik sehen wollen. Denn sosehr die Kunst das sicher *auch* ist, so wenig erfährt man über sie, wenn man ihre Spezifik nicht beachtet.

Die allgemeine Formel für die (übrigens deutlich voneinander zu trennenden) Quellen und Wirkungen solcher nachpopulären, d. h. auf direkter Übertragung von Körperlichkeit durch Bild- und Tonaufzeichnung beruhenden Künste lautet landläufig: Sex und Gewalt. In ihr kristallisiert sich der Umstand, dass Körper nunmehr unumwunden, also unter Umgehung der mimetischen künstlerischen Disziplinen den Kunstbezirk betreten und dementsprechend auch als Adressaten mit neuer Vehemenz und Fulminanz erreicht werden können. Sex und Gewalt werden so fast notwendig auch zur trivialen bzw. opportunistischen Schlussfolgerung auf Seiten kapitalistischer Kunstproduktion sowie mancher Diskussion darüber. Seit diese Wirkungstypen aber flächendeckend sowohl in der Praxis als auch im Selbstverständnis nahezu jedes Kunstbereiches dominieren, befinden wir uns in jener Lage, um die es in diesem Buch geht – einer Kunstepoche, in welcher in Kritik wie Selbstbeschreibung affirmativ von Provokation, Aufrütteln, Kick Ass, Rocken, Verstören, von der Improvisation als »Geschlechtsakt mit dem Publikum« (Robert Wyatt), von Verführung, Hingabe, Ekstase, schließlich aber auch von Weltverlust und Ich-Aufgabe die Rede ist. Dies alles sind Bilder von Wirkung, die nach und nach auch ins allgemeine Verständnis von gesellschaftlichem Handeln eingehen und denen die Kunst Material und Muster liefert.

Der Grund sowohl für die Besessenheit wie auch die Unsicherheit, welche die Wirkungsdimension der phonographischen und photographischen Künste hervorruft, ist die schon erwähnte Logik der unmittelbaren Verursachung, ob als Unwillkürliches einer Aufzeichnung oder als inszeniert Unwillkürliches vom Slapstick über Lo-Fi bis zu den weinenden Kandidat_innen in Castingshows. Dieses erkennbar Verursachte setzt sich vor das von Subjekten Geplante, von künstlerischen Absichten Intendierte. Und sowenig es für sich allein stehen kann, so sehr bildet es doch das Neue dieser Aufzeichnungskünste. Denn alle haben sie mit indexikalen Medien zu tun oder imitieren deren Effekte, die dort unter metaphorischen Bezeichnungen wie Überwältigung, Gewalt, Ansteckung, Durchbohren, Kick, Vibration etc. verhandelt werden. Dahinter steckt nicht zuletzt auch der Traum von einer nicht-entfremdeten Arbeit, die quasi ›beim Produzenten bleibt‹ (obwohl der sie vollendet) – und damit das Ideal vom Künstler als dem vollen, handlungsfähigen Subjekt. Freilich wird das Subjekt gerade durch das Mediale der verursachenden Index-Beziehung auch wieder entmachtet, denn nur um den Preis medialer Zeugenschaft kann ich authentisch sein. Die Dialektik der Verursachungskünste liegt somit darin, dass eine gewisse ›unentfremdete‹ Vollständigkeit, das ›Bei-mir-Bleiben‹ meiner Arbeit, nur dadurch zu erreichen ist, dass sie in einem objektiven Medium auftaucht. Umso mehr sind Künstler oder Performer, die unter dieser Dialektik leiden oder sie doch kontrollieren wollen, oft bemüht, auch in gewissermaßen amedialen bzw. Live-Situationen (meist durch Übertreibung) vergleichbare Effekte herzustellen oder zu rekonstruieren. Das wird uns noch beschäftigen.

Um den Umbruch zunächst auf eine notgedrungen vereinfachende, aber prägnante Formel zu bringen, könnte man sagen: In den *bürgerlichen* Künsten geht es seit der Aufklärung primär um die Einmaligkeit des mentalen Lebens ihrer Charaktere, die sich in Sequenz, Narration, Geschichtlichkeit sowie im Vertrauen auf die Übertragbarkeit dieser Prinzipien auf die im Rezeptionsakt reflexiv realisierte Individualität der (ebenfalls bürgerlichen) Adressaten entfaltet. In den traditionellen *populären* Künsten dominiert dagegen die körperliche Präsenz und Co-Präsenz von Personen in einer öffentlichen oder halböffentlichen, festlichen bis ekstatischen Live-Situation, in deren Fokus eine trickreich-verblüffende oder erotisch-verführerische Körperlichkeit steht. In den *nachpopulären*, auf der Verfügbarkeit von Aufzeichnungstechnologien basierenden Künsten schließlich wird das Leben des Geistes, die Individualität der bürgerlichen Seele, durch die Übertragung oder das Auslesen einer aufgezeichneten körperlichen Präsenz beschworen. Dabei wird die Seele jedoch weniger geschichtlich oder sequenziell entfaltet, sondern erscheint vielmehr so dicht, verblüffend und präsent wie der Körper, aus dem die Übertragung, das Recording sie herausholt. (Vielleicht wäre daher noch vor dem Slapstick der um die Jahrhundertwende so verbreitete Spiritismus als erste kulturelle Bewegung zu nennen, die auf diese Verhältnisse reagiert.)

Unweigerlich geht damit die schon erwähnte Demütigung des traditionellen, ausgebildeten, virtuosen, produktionstechnisch kenntnisreichen Künstlers einher, der über das mimetische Vermögen zu verfügen wusste und sich als hochentwickelten Vertreter der anthropologischen Idee von nichtentfremdeter Arbeit und somit als Repräsentant gelingender Menschlichkeit sehen konnte. Seine Herabstufung bedeutet gleichwohl keinesfalls die ersatzlose Streichung all seiner Errungenschaften. Sicher werden seine ausdifferenzierte Subjektivität und seine über lange Zeiträume und komplexe Strategien vermittelte Intentionalität von zwei Seiten her bedrängt und teils ersetzt – nämlich zum einen durch Magier, Performer und Verführer, die mit einer (ihnen vielfach selbst unklaren) Technologie des Herbeizauberns von Attraktionen arbeiten und oft weitgehend den technokratischen und kapitalistischen Besitzern der technischen Produktionsmittel ausgeliefert sind; sowie zum anderen durch kluge Konzeptualist_innen und irre Intellektuelle, die vielleicht dereinst so etwas wie die Rettung oder Re-Installation von Künstler_innenfiguren erwirken könnten, indem sie das Ganze der neuen Lage auf einen dieser adäquaten Begriff von künstlerischer Praxis und Wirkung bringen (womöglich durch die allerneuesten Reden, Ideen oder auch Moden von Netzwerken und Verknüpfungen, Assemblagen und Kollektivitäten). Doch unabhängig von alldem gelingt das Index-basierte Werk, oder besser: Zulassen bzw. Präparieren der indexikalen Wirkung eben nicht einfach durch Streichung aller Subjektivität. Vielmehr evolviert es gerade aus der Spannung zwischen Objektwerden und Subjektbleiben, zwischen passivem Geschehen-Lassen des Photographiert- bzw. Aufgezeichnet-Werdens auf der einen Seite sowie der aktiven Herstellung von Rahmenbedingungen, unter denen dies besonders gut gelingt, auf der anderen. Hing die Unterscheidung von populären und nichtpopulären hohen Künsten einst an der fürstlichen Subjektivität des Herrschers über das mimetische Vermögen, seiner Virtuosität und Genialität, so sind die Menschen in den Künsten der Aufzeichnung auf ganz andere Weise, nämlich oft und an entscheidender Stelle zufällig und unwillkürlich Ursachen von Wirkungen. Doch verdanken genau diese Zufälle sich zum allergrößten Teil *aktiv rahmenden* Tätigkeiten, die man, je nachdem, als Regie, Ritual, Produktion, Supervision oder Installation bezeichnen mag.

Dies gesetzt, lässt sich auch der kulturpessimistischen, bis zu den aktuellen Lamenti etwa eines Hans Ulrich Gumbrecht nicht abebbenden Konjunktur der Beschwerde über die Erklärungsbedürftigkeit von Gegenwartskunst und den damit verbundenen Terror der unsinnlichen Diskurse[10] grundsätzlich widersprechen, zumindest sofern man sich die prinzipielle Einbettungsnotwendigkeit indexikaler, aufgezeichneter (Human- und Real-)Daten einmal klargemacht hat – eine Notwendigkeit, die übrigens nicht nur für Kunst, sondern auch für nichtkünstlerische Zwecke gilt. Je »wirklicher« das Photo, desto mehr bedarf es einer Erklärung im weiteren Sinne: von der simplen Info über seine Entstehungsbedingungen in kommunikativen Kontexten bis zur symbolischen oder künstlerischen Rahmung und Bearbeitung. Das ist die Dialektik des Index: Er brüllt aus der Wirklichkeit, sagt aber erstmal nichts. Diese Beschriftungs- und Kontextualisierungsnotwendigkeit des nackten indexikalen Datums der Aufzeichnung macht eine andere Front auf, an der die notwendige Mehrteiligkeit und damit Heterogenität zeitgenössischer Kunst jenseits jenes Unterschiedes zwischen ›Pressetext‹ und ›Sinnlichkeit‹ erscheint, unter dem die Spießer bei jeder neuen *documenta* leiden. Grundsätzlich sind Werke

10 Hilmar Hoffmann/Julia Voss/Andreas Siekmann/Hans Ulrich Gumbrecht, *Vom Unbehagen mit dem Kurator. Podium auf den Oberhausener Kurzfilmtagen 2016*, online unter ⟨http://www.critic.de/special/vom-unbehagen-mit-dem-kurator-4050/⟩, letzter Zugriff am 3. 10. 2016.

nicht mehr aus einem Guss, wenn sie zugleich aus indexikalen Direktübertragungen und weiteren – je nachdem – reflexiven, spekulativen, manipulativen oder kommentierenden Komponenten bestehen. Diese tiefe, nicht stilistische, sondern medienbasierte Heterogenität jenseits der vom Künstler noch zentral beherrschten Collage ist Grundlage aller Index-basierter Künste und kann ganz unterschiedlich bewältigt werden. Sie stellt die Fortsetzung jener notwendigen Unversöhntheit von Form und Inhalte dar, von der die Kritische Theorie (aber eben ohne Medientheorie) spricht. Und selbst da, wo Minimalisten oder bestimmte Konzeptualisten eine neue Einheitlichkeit auf der Ebene indexikaler Effekte herstellen wollten, konnte sie nie wieder so homogen sein wie ein Gemälde oder ein Roman. Das ästhetische Ziel und die magisch medialen Mittel bleiben notwendig unverschmolzen, die Leere zwischen Konzept und Zauber, zwischen Kick-Ass und Politambition muss bewältigt, bespielt, ausgehalten werden.

Kritik der Wirkung, Kritik der Folgenlosigkeit

Zum selben Problemkreis gelangt man übrigens auch, wenn man von der gegenwärtig am heftigsten geführten Kunstdiskussion ausgeht, nämlich der um deren gesellschaftliche und politische Folgen. War die politische Konsequenz künstlerischen Handelns einst ein Motiv des Aufbruchs, des aufbegehrenden ästhetischen Vermögens, sich aus der institutionellen Einhegung von Fiktion, Illusion und Repräsentation zu befreien, um direkte Effekte des Erkennens und der Mobilisierung beim Publikum zu erzielen, so ist sie zwischenzeitlich längst zu einer normativen Komponente akademischer Kunsterziehung geworden. Dabei verengt sie frühere Konzepte des schon bei Horaz geforderten Nutzanteils (*prodesse*) auf eine ganz bestimmte Spielart solchen Nutzens, nämlich politische Aufklärung und Mobilisierung – in letzter Zeit zunehmend auch direkte Eingriffe. Die Schwäche dieser Perspektive ist im Vergleich zu anderen Kunstpotentialen weniger ihre Enge, sondern ihr unmaterialistisch-moralistischer Hang zum Legitimationsdiskurs, der den Künsten die gewünschten politischen Konsequenzen nicht nur (gar als *creatio ex nihilo*) zutraut, sondern sie auch gleich darauf verpflichten möchte – meist um dann schlechtgelaunt entdecken zu müssen, dass sich die Hoffnung nicht erfüllt hat, ja gar nicht erfüllen konnte. Denn mit der Enttäuschung stellt sich meist auch die Überzeugung ein, dass die Künste so letztlich nur die Prägungen und Dispositive jener falschen Gesellschaft reproduzieren, die sie hervorgebracht hat. Der naiv-optimistische Glaube an eine rein durch guten Willen quasi hebelartig zu erreichende Wirkung schlägt dann in der Regel undialektisch in sein pessimistisches Gegenteil um und führt, wo nicht zu bloßem Zynismus, zu einer quasi-deterministischen Soziologie der Kunst, wie sie am brillantesten von Pierre Bourdieu vertreten wurde. Hinzu kommt, dass allzu unmittelbar erhoffte politische Effekte sich in der Regel sogar schon vor der unvermeidlichen Entzauberung gezwungen sehen, den Konventionen und Bedürfnissen der jeweils geforderten Antragsprosa und ihrer Verwalter zu genügen (da die Förderanträge ja meist von Leuten entschieden werden, die sich über gesellschaftliche Nützlichkeit Gedanken machen müssen) oder aber den Wünschen eines entfesselten Kunstmarkts, dessen Kunden die Sinnware immer öfter als »politische Kunst« einkaufen möchten.

Meines Erachtens lassen sich die Folgen künstlerischer Praxis in unserer Zeit aus einer anderen Perspektive ertragreicher betrachten, nämlich von unseren individuellen Beeindruckungserfahrungen und deren medientechnischen, ihrerseits durchaus politischen künstlerischen Ursachen her. Natürlich können persönliche Erlebnisse das Verfahren nicht allein bestimmen – ein undialektisch subjektiver Fanstandpunkt wäre die Folge. Doch eignen solche Transformationserfahrungen sich gut als Ausgangspunkt, eben weil so gut wie alle sie auf die eine oder andere Art gemacht haben. Es drängt sich sogar der Verdacht auf, dass die jüngste heteronome Festschreibung der Künste auf ihre Nützlichkeit gerade auch von den Erfahrungen mit solchen Attraktionswirkungen herrührt, und zwar in dem Maße, wie die Verursachung durch den aufgezeichneten Körper dabei mit der Verursachung durch Kunst verwechselt oder überblendet wird – nicht zuletzt in der Absicht, den stets befürchteten üblen Wirkungen durch karitativ vorauseilendes Kunsthandeln zu wehren. Ein Missverständnis mit sehr differenten Folgen.

Nun haben sich in den letzten gut fünfzig Jahren allerhand spezifische Künste, Genres oder Disziplinen etabliert, die mit dem Folgenreichtum der Aufzeichnung und der damit einhergehenden Ästhetik der Verursachung mehr oder weniger bewusst und konsequent zu arbeiten versuchen. Dies geschieht zunächst vorwiegend in einem vorpolitischen, wenn auch nicht unpolitischen Sinne, der sich von den klassischen Modellen der Ästhetik ebenso grundlegend unterscheidet wie von den meisten neueren medientheoretischen Verabschiedungen von Ästhetik überhaupt. Zu diesen Genres zählen etwa die Nouvelle Vague, das Cinéma vérité oder Direct Cinema, New Wave, Prog Rock, Punk, HipHop, Metal und musikalischer Minimalismus, die Fluxus-Kunst, Happenings, Performance Art, Pop-Art, Op-Art, Minimal Art, Nouveau réalisme, Aktionskunst, Arte povera, Soul, Concept Art, Industrial, Techno sowie zahllose weitere Gattungen, deren Rubrizierungen sie zwar weder als Teile eines größeren Ganzen ausweisen noch durchweg zwingende Begrenzungen zum jeweiligen Nachbargenre liefern können, die in summa aber unsere Gegenwartskunst ausmachen – und deren Gründungsszenen bzw. genealogische Ausgangspunkte nicht zufällig fast alle in die Jahre um 1960 fallen. Auch teilen sie das Charakteristikum, dass ihre einzelnen Werke, Bestandteile und Qualitäten sämtlich nicht mehr eindeutig den populären oder hohen Künsten zuzuordnen sind. Entsprechend werden sie auch in einem Milieu rezipiert und produziert, das sich zwischen den auf dieser Unterscheidung basierenden Institutionen hin und her bewegt.

Analytische Zugänge zu diesen Künsten, auch klassifikatorische, kommen nicht an den von technischen Medien bestimmten Werkformen vorbei: Wir reden von einem *Recording* der Stimme Dylans, einem *Vintageprint* von Diane Arbus und einer *Rolle 16-mm-Film* von Warhol, nicht von Zentralperspektive, Sonatenhauptsatzform, der großen Narrationsdiagnostik der *Buddenbrooks* oder der metaphysisch-konzeptuellen Dichte des *Schwarzen Quadrats*. Die traditionellen künstlerischen Formate bleiben so entweder bloß äußerlich am Leben oder werden in avantgardistischer Tabula-rasa-Manier radikal vereinfacht, ohne jedoch ganz zu verschwinden oder unwichtig zu werden. Vielmehr kommt es zuweilen zur Umkehrung: Beschrieb man Medien und ihre Formate früher als Träger, so werden heute oft künstlerische Konventionen, Narrationen, Bildkomposition zu sekundären Trägern vorrangiger Medieneffekte. Primär aber geht es um die künstlerische Erweckung der technisch aufgezeichneten Menschenkörper und um deren Wirkungen (Maschinen und Objekte kommen als Körper anderer Art später hinzu). Dabei wurden diese in den allermeisten Fällen ursprünglich unter Mitwirkung von Intentionen, Erwartungen und Finanzierungen aufgezeichnet, die noch ganz anderen, nämlich traditionellen künstlerischen Zielen oder Werkformen dienen sollten. Umgekehrt gesagt: Man *wusste* ziemlich lange gar nicht (und dann nochmal sehr lange nur latent), dass und wozu man in erster Linie Körper und ihre Wirkungen aufzeichnete, sondern schrieb deren Attraktivität zunächst Kategorien wie Virtuosität, Schönheit oder der Exemplifizierung bestimmter Ideen und Gedanken zu. Dementsprechend blieb das Wissen um die Spezifik des aufgezeichneten Körpers zunächst ein dünnes, stets auch an den Rändern des Surrealismus entlangfließendes Rinnsal, das vom Slapstick und dem sogenannten Cinema of Attractions[11] aus über derb-burleske Randmeisterinnen wie Mae West schließlich im Hollywoodfilm einsickerte – als einstweilen unverstandenes, wenn auch faszinierendes Gift, das vielen in der gehobenen Tonfilmwelt wie ein Atavismus aus überwunden geglaubter Vulgär-Urzeit erscheinen musste.

Neben den Aufzeichnungs-, Speicher- und Wiedergabemedien sind für das Zustandekommen der neuen Künste jedoch auch die – hier bewusst so genannten – *Errungenschaften* kulturindustrieller Produktion wichtig, allen voran die Arbeitsteiligkeit, d. h. die Transformation oder Auslöschung einer herausgehobenen Autorschaft bzw. deren Ersetzung durch Produktionshierarchien, weitläufige Kollaborationen etc. – was selbstverständlich auch die von der Kritischen Theorie ausgiebig beklagten Nachteile einer durch die Warenförmigkeit ihrer Hervorbringungen determinierten Praxis mit sich bringt. Zudem spielen in dieser Gemengelage auch Effekte der Integration und Demokratisierung der Künste eine Rolle.[12] Schließlich konnte die hier umrissene neue Ästhetik – eine Ästhetik der Drastik, des Übergriffs, aber auch

11 Tom Gunning, »The Cinema of Attractions: Early Film, its Spectator and the Avant-Garde«, in: Thomas Elsaesser (Hg.), *Early Cinema. Space, Frame, Narrative*, London: BFI Publishing 1990, S. 56-62.

12 Demokratisierung konnte für die Akteure der 1960er noch als praktische Option gegen eine privilegienbasierte Kulturhierarchie gelten – bevor der Begriff schwammig wurde. Frank Böckelmann bringt es in einem Text zu Adornos Tod aus dem Jahre 1969 dahingehend auf den Punkt, »daß ein Privileg (Kritisches Bewußtsein) sich eigentlich auch demokratisieren lassen muß«, Frank Böckelmann, »Die Möglichkeit ist die Unmöglichkeit. Die Unmöglichkeit ist die Möglichkeit. Bemerkungen zur Autarkie der Negativen Dialektik«, in: Wilfried S. Schöller, *Die neue Linke nach Adorno*, München: Kindler 1969, S. 19.

der Überkonzentration und Meditation, der Dauer und der Aggression – erst dann und nur dort entstehen und sich entwickeln, wo die Unterscheidung zwischen hoher und populärer Kunst nicht länger griff. So vollzogen sich ihre entscheidenden Versuchsreihen und Durchbrüche denn auch fast sämtlich in Labors, die außerhalb traditioneller Kunstinstitutionen lagen und von der spontanen Kollektivität der Straße ebenso geprägt waren wie von der Transformativität des Rituals,[13] der viralen Fortbewegung von Grooves und Patterns, einer sexualisierten Neuentdeckung der Körper und ihrer Beziehungen, doch natürlich auch vom kapitalistischen Kalkül der Effekte und ihrer technischen Seite sowie schließlich von den Mathematismen neuer formaler Ästhetiken, die auf die Emanzipation des Effekts mit dem Exodus der Form antworteten (zum Beispiel in Form absichtlich unspielbarer Partituren oder konzeptkünstlerischer Versuchsanordnungen, die mit der Realisierung des Unrealisierbaren spielen, etwa von Douglas Huebler). Das Erstaunliche ist, dass die Verschiedenheit all dieser mehr oder weniger informellen Institutionen (Straße, Klitsche, Seminar, Kommune usw.) weit geringere Kommunikationshindernisse zwischen den beteiligten Akteuren erzeugt hat als die im Grunde erst in allerjüngster Zeit ernsthaft erschütterte Gewohnheit, fraglos zwischen hoher und niederer Kunst zu trennen.

Das Verschwinden dieser Trennung, mit der wir aufgewachsen sind und deren Wirkung noch heute von der Distinktionsökonomie über die Institutionenstruktur bis in die Steuersätze reicht (sieben versus neunzehn Prozent), obwohl eigentlich nie jemand ihren deskriptiven Gehalt klar darge-

13 Das Ritual hatte in den Ethnologie-begeisterten 1970er Jahren eine hohe Attraktivität für Künstler_innen und Denker_innen, die von den mit Index-Effekten arbeitenden Subkulturen der 1960er geprägt waren. Es kehrte im Techno-Schamanismus der 1990er Jahre zurück.

legt oder sie mit Herzblut verteidigt hätte (am wenigsten der geschätzte Namenspatron dieser Vorlesungsreihe) – dieses Verschwinden also ist aus meiner Sicht weder gut noch schlecht. Weder finde ich es ›elitär‹, wenn man »mit Popkultur sozialisierte Menschen« (wie es der Berliner Kulturstaatssekretär vor nicht allzu langer Zeit in einer Replik gegen den Intendanten des Berliner Ensembles anlässlich des Streits um die Neubesetzung der Volksbühnenintendanz mit einem Kurator formulierte[14]) ausschließen will; noch glaube ich umgekehrt, dass die populären Künste, weil sie bzw. ihre Fringe-Vertreter nun schon so lang und teils durchaus erfolgreich am Niveau geschraubt haben, jetzt doch endlich auch einmal den Hochkulturpass, i.e. niedrigeren Steuersatz verdient hätten. Besteht das Klassenverhältnis, das diese Unterscheidung naturalisierte und zum Ausdruck brachte, doch auf andere Weise fort: Zwar ist es nun (leider) weniger sichtbar, hat aber (zum Glück) auch weniger kulturelle Kraft.

Bislang wurden die Schocks und Effektwirkungen der neueren phono- und photographischen Künste nur selten prominenter unter dem Aspekt möglicher politisch und gesellschaftlich wünschbarer Folgen – wie der aktuelle Diskurs sie so begehrt – diskutiert (auch wenn in der Linie Dada – Benjamin – Aktionismus – Zappa – Runzelstirn & Gurgelstock gelegentlich versucht wurde, der Drastik des Effekts eine erwünschte, geplante Drastik beizufügen und so Folgen zu erzwingen), sondern vor allem mit Blick aufs potenziell Beklagenswerte. Dabei reichen sowohl etwa Stieglers Kulturpessimismus als auch Eisensteins Mobilisierungsvisionen sehr viel weiter zurück als die Geschichte jener Medien, die

14 Tim Renner, »Kaufen Sie sich mal wieder eine Hose, lieber Claus Peymann!«, in: *Die Zeit*, 16.4.2015, online unter ⟨http://www.zeit.de/2015/16/tim-renner-kulturpolitik-berlin-theater-claus-peymann⟩, letzter Zugriff am 3.10.2016.

solche sofortigen physischen Realisierungen versprechen oder androhen – woraus erhellt, dass die beidemal zugrundeliegende Vorstellung bzw. Urangst von einem Übersprung der Fiktion auf die Realität gar nicht ursächlich am medientechnischen Übergang von ikonischen zu indexikalen Effekten hängt, so gravierend Letzterer in puncto Realitätsnähe auch de facto ist. Dementsprechend sind auch die Phantasien von derlei Übertritten bis heute – und zumal in der aktuellen künstlerischen Praxis mit ihrem Begehren, politisch zu sein – oft nicht weit vom magischen Denken entfernt. Und sowohl der Verlust der Magie als auch die Selbstverwechslung mit Magie sind der Kunst schon immer vorgehalten worden.

Insofern verbindet die Idee der ›Folgen in der Wirklichkeit‹ im Verbund mit der Unklarheit von deren Begriff die neueren mit den alten Kunstdebatten. Immer wieder ereilt der Vorwurf (oder auch das Lob) der Folgenlosigkeit das künstlerische Handeln. Und wenn Letzteres dann seine Ziele variiert, wird dies nur zu gern damit legitimiert, dass die jeweils neue Kunst bzw. Kunstgrenzüberschreitung in der Welt merkliche Folgen haben werde.

Was das zwanzigste Jahrhundert angeht, lassen sich auf diesem Feld aus meiner Sicht drei Fronten unterscheiden, die ich kurz skizzieren möchte – wobei ich statt auf meine eigene Sicht zunächst bewusst auf die der jeweiligen Kritiker selbst rekurriere:

In der ersten Variante solcher Folgenlosigkeitskritik wirft eine in der Regel politisierte Avantgarde der bürgerlichen Kunst vor, als bloße Bestätigungsmaschine zu fungieren: »Musikalische Schönheit«, so moniert etwa Charles Ives schon 1907, »wird oft mit der Vorstellung verwechselt, die Ohren ausruhen zu lassen«.[15] Dies zielt im Kern gegen das Anti-

15 Zit. n. David Johnson, Liner Notes zu Charles Ives, *The Two String Quartets*, Columbia Masterworks, MS 7027, 1967. (Übers. D.D.

zipierbare per se – und zwar als einem Reich des Unwirklichen. Denn Wirklichkeit (im hier gemeinten starken Sinn) ist nicht antizipierbar, und wo doch, gehört sie tunlichst transformiert. Wer sich etwa, um bei der Musik zu bleiben, an der Vorhersehbarkeit einer Akkordfolge erfreut oder die konventionelle Auflösung einer Leittonspannung als schön empfindet, bringt sich dadurch um jede Begegnung mit der Wirklichkeit. Kann Letztere nach Ives doch nur dort stattfinden, wo man an einer musikalischen Entwicklung entweder nur den jeweils nicht erwartbaren Anteil (in Melodieführung, Harmonik, Klangfarbe etc.) goutiert und so alles Erwartbare zum bloßen Rahmen für Kontraste degradiert oder aber die Erwartung gleich ganz bricht und dadurch eine quasi rahmenlose, ungrundierte neue Wirklichkeit erschließt. Sämtliche Ästhetiken der Überraschung, der Plötzlichkeit, des Schocks und auch die (unterdes freilich längst zur alt-avantgardistischen Lachnummer heruntergekommene) Rede vom ›Bruch mit den Hör- oder Sehgewohnheiten‹ gründen in dieser Position. Und tatsächlich sind auch viele der nachpopulären Künste, wie wir sehen werden, durch mikrostrukturell fortwährend überraschende Überlagerungen mehrerer, nicht miteinander synchronisierter Ebenen gekennzeichnet (etwa von überaus konventionellen Harmoniefolgen und schierem Krach) oder durch ein irritierendes Nebeneinander von naturalistischen und eskapistischen Effekten.

Eine zweite, wieder von der Avantgarde ausgehende Folgenlosigkeitskritik richtet sich gegen die Kulturindustrie und alle massenmedialen Künste, denn diese sedierten – zumal in der Forcierung durch neuere illusionistische Medientechniken – bloß das Publikum, lüden es zum Träumen und Verdrängen ein und hielten es mithilfe solcher Ablenkung von

– das gilt für alle Zitate aus fremdsprachigen Quellen in diesem Buch.)

allfälliger Reflexion und dem daraus erwachsenden aktiven Widerstand fern. Anders als bei Ives geht es hier weniger um das Vorhersehbare in der künstlerischen Form als vielmehr um das ideologisch Rückschrittliche im technisch meist sehr fortschrittlichen massenkulturellen Warenangebot. Das Fatale dieser Massenkunst, die oft (wie einst die Volkskultur) als übermäßig laut, deftig und drastisch beschrieben wird, liegt gerade nicht in einem sinnlichen Erfahrungsmangel, sondern umgekehrt darin, dass sie ihre sensuelle Wucht dazu missbraucht, die Erfahrung der Realwelt selbst zu unterbinden. Indem die Sinnesillusion hier per Überwältigung über die Wirklichkeit obsiegt, wird diese dem Vernunfturteil entzogen. Mit ähnlicher Begründung kritisiert auch die etablierte Kunst die Massenkultur, wofür schon Kant die maßgebliche Unterscheidung liefert: Denn wo mehr »Sinnesempfindung« als »Beurteilungsfähigkeit« gefragt sei, handele es sich um Darbietungen für den »großen Haufen, der viel Pöbel in sich faßt«.[16] Verschärfend kommt hinzu, dass die übersteigerte Sinnlichkeit nicht bloß in actu wie ein Screen wirkt, der sich manipulatorisch vor die Welt schiebt, sondern auch längerfristig schädlich ist: Wie ein Training ohne Fitnesseffekt bleibt sie nämlich – eben – folgenlos, wohingegen die Urteilsfähigkeit gleich doppelt folgenreich ist, indem sie das Subjekt sowohl stabilisiert wie auch verfeinert. Als wichtigster Wert reflexionsfördernder Kunstpraxis erscheint somit das biomorphe Potential einer Entwicklung. Auch bei Guy Debord geht es um solche Lähmung und Sedierung, wenn auch nicht so sehr durch das sinnlich Überwältigende als vor allem durch die Omnipräsenz der medialen Bildwelten, deren Systematik er das »Spektakel« nennt. Er bettet es in

16 Immanuel Kant, »Das Gefühl der Lust und der Unlust«, in: ders., *Schriften zur Ästhetik und Naturphilosophie*, hg. v. Manfred Frank und Véronique Zanetti, Frankfurt/M.: Deutscher Klassiker Verlag 1997, S. 197.

eine Theorie ein, die im technisch verbreiteten illusionistischen Bild so etwas wie verwirklichte Dominanz des Tauschwertes über den Gebrauchswert im Kapitalismus sieht, eine Art Versiegelung der Erfahrungswelt durch Bilder. Auch diese Metaphorik schreit in letzter Konsequenz nach einem Durchtrennen des kapitalistischen Maya-Schleiers.[17] Und selbst wenn die großen skeptischen Kulturkritiker kaum je an die Chance solcher Durchtrennung glaubten, bleibt das Maß der Perforation dieser versiegelten Welt – genauer: die durch Realitätssignale und Index-Effekte erzwungene Rissbildung im Spektakel-Screen – doch bis heute das leitende Kriterium von Kunsturteilen im Milieu zwischen Fluxus und Provokationsperformance, Heavy Metal, Pornographie und neueren Theaterformen. Zugleich bringen diese Index-Effekte zwar Wirklichkeit hervor, aber meist nicht als lesbare Welt. Insofern können sie den Schleier sowohl zerreißen wie auch an neuen, die Vernunft suspendierenden Sinnlichkeiten mitwirken.

Der dritte Folgenlosigkeitsvorwurf kommt schließlich aus der Massenkultur selbst. Zunächst einmal in Form der naheliegenden Retourkutsche an Avantgarde und Establishment: Diese blieben mit ihrer Kunst ja doch weitgehend unter sich und hätten folglich keinerlei (gesamt)gesellschaftliche Wirkung – eine Einschätzung, die sich auch in der gelegentlich auftauchenden (vulgär)linken Sympathie für die Kulturindustrie widerspiegelt, befeuert vom undialektischen Glauben, man könne deren Formen einfach ›übernehmen‹ und ›mit anderen Inhalten füllen‹ (wie einen verplombten Güterwagen im ersten Weltkrieg). Zum anderen erkennt man frei-

17 »[…] je mehr er zuschaut, um so weniger lebt er; je mehr er sich in den herrschenden Bildern des Bedürfnisses wiederzuerkennen akzeptiert, um so weniger versteht er seine eigene Existenz und seine Begierde«, Guy Debord, *Die Gesellschaft des Spektakels*, Hamburg: Edition Nautilus 1978, S. 15.

lich auch im Herzen der Kulturindustrie, dass ein nur passiv vor sich hin träumendes Publikum, egal wie zahlreich, letztlich weniger eng an die jeweils offerierte Produktpalette gebunden wird als ein von dieser aktiviertes. Ein Fan ist ein besserer Kunde als ein schmachtender Verehrer, und ein Rock-Revolutionär ein besserer als ein durchschnittlicher Rock-Fan. Insofern ist eine anti-passive, im äußersten Fall zum Randalieren oder Rebellieren anstiftende (und also nicht gerade folgenlose) Massenkultur auch für die Industrie besser als das sedierende Kulturpendant zum Soma aus dystopischen Romanen.

Bei allen Unterschieden nach Art und Richtung bleibt den drei hier inkriminierten Folgenlosigkeiten indes eines gemeinsam: dass sie nämlich Schilder errichten, Kokone spinnen, Erfahrung verhindern, Welt versiegeln. So bereiten die Metaphern der gegen sie gerichteten Kritik den Boden dafür, sich von Index-basierter Kunst und Kultur mehr Folgenreichtum zu erwarten.

Aktivierung, Kulturindustrie, Effekt

Im Gefolge der Kritischen Theorie trat an die Stelle der Unterscheidung zwischen hoher und populärer Kultur (›Ernst‹ und ›Unterhaltung‹) im zwanzigsten Jahrhundert zunehmend die zwischen Kunst und Kulturindustrie. Letztere ist dem Begriff nach eng mit dem Aufkommen der hier zentralen Aufzeichnungsmedien verbunden, rekurriert jedoch weit stärker auf deren Reproduktionsaspekt, d. h. die Massenhaftigkeit in der Verbreitung identischer Produkte, als auf deren Indexikalität. Kulturindustrie basiert auf dem Geschäftsmodell der Massenproduktion, wiewohl diese weder allein noch im entscheidenden Sinn für deren niedere Qualität verantwortlich ist, sondern eher für den Warencharakter und damit die Ideologizität ihrer Produkte. Zwar hat Adorno selbst bei aller Verfluchung der Kulturindustrie stets Respekt vor dem prä-industriellen Populären gezeigt, dem alten Jahrmarkt oder Tingeltangel, der von der Industrie in gleicher Weise ruiniert worden sei wie die hohe Kunst. Dennoch hat das Narrativ der Kulturindustrie sich schließlich dahingehend verfestigt, dass das Niedere der Verwertung und Bedürfnisbefriedigung, wie die industrielle Zurichtung es zwangsläufig erfordere, nach und nach unweigerlich das Höhere besetze und dabei zerstöre. Die Geschichte der Kulturindustrie erscheint dann notwendig als eskalierender Triumphzug modularer Entertainment-Einheiten, des Fungibel- und damit Beliebig-Machens von aus alten Kunstgenres wie Drama und Roman, Porträt oder Sinfonie herausgebrochenen semantischen und affektiven Bruchstücken und schönen Stellen als austauschbare Jingles, Commercials oder auch Komponenten von Spielfilmen. In dieser Erzählung übernimmt der Jahrmarkt nach und nach die Kunst, indem er seine Attraktionen und Nummern industriell organisiert.

Doch bereits bei Horkheimer/Adorno klingt gelegentlich an, dass nicht nur der Jahrmarkt die Kultur verdirbt, sondern umgekehrt auch diese jenen.[18] Und wirklich könnte man die Geschichte genauso gut andersherum erzählen: Schon Tom Gunnings Kategorie der Attraktion, die am frühen, noch vom Jahrmarkt geprägten Film gewonnen wurde, spannt die

18 »Die Konstatierung des provinziellen Besuchers des alten Berliner Metropoltheaters, es sei doch erstaunlich, was die Leute für das Geld alles leisten, ist längst von der Kulturindustrie aufgegriffen und zur Substanz der Produktion selber erhoben worden. Nicht bloß begleitet sich diese immerzu mit dem Triumph darüber, daß sie möglich sei, sie ist in weitem Maße dieser Triumph selber. Show heißt allen zeigen, was man hat und kann. Sie ist auch heute noch Jahrmarkt, nur unheilbar erkrankt an Kultur.« – Max Horkheimer/Theodor W. Adorno, *Dialektik der Aufklärung*, in: Theodor W. Adorno, *Gesammelte Schriften*, Band 3, Frankfurt/M.: Suhrkamp 1979, S. 180.

brachiale, primitive und schockierende Unterhaltung einerseits sowie den avancierten Experimentalfilm andererseits signifikant zusammen – und lässt Gunning in der kleinzerhackten Pointenserialität und dem denaturalisierenden Verweis auf Tricks und Überraschungen, die den Film in seiner Urphase (vor Narration, Psychologie und Realismus) ausmachen, so etwas wie das Wesen des Kinos finden. Auch Disney-Verehrer Sergej Eisenstein sieht in diesen Formaten (und den ihnen vorausgegangenen populären Theaterformen) die Zukunft einer Massenkunst jenseits von hoher und niederer Kultur. Denn die Attraktion spielt zugleich mit dem Erfolg der Illusion wie auch mit deren Grenzen. Ihre abgeschlossene Kürze entspricht nicht einem Erzählmodul aus der Fiktion, sondern agiert wie eine Live-Performance mit dem sichtbaren und präsenten Material einer Szene. Im frühen Kino ist dieses Material meist die Echtheit und Lebendigkeit der bewegten Bilder sowie der von ihnen abgebildeten Gegenstände und Personen selbst. Das ist jedoch entscheidend *mehr* als das, was jemand ist, hat oder kann, nämlich eben dieses, aber *als identisch wiederholbarer Effekt von Lebendigkeit* – endlos zu iterieren und doch jedesmal einmalig. Nicht mehr Virtuosität in den Händen von Leuten, die erkennbar für Geld arbeiten, sondern ein Produkt von technischer Magie, von Zauberei mit aufgezeichneter Lebendigkeit.

Aus dem frühen Slapstick-Genre, dessen Schaubuden- und damit letztlich Anti-Illusionismus vor allem ›praktischen Scherzen‹ dient (um den englischen Fachausdruck slapstickhaft zu übersetzen), wird in die späteren Phasen des Kinos allerdings nur der Effekt der Personenpräsenz hinübergerettet: die Aura des Stars. Jenseits davon aber werden die erschütterndsten, durchbohrendsten chirurgischen Fähigkeiten von Photo und Film via Fiktion und domestizierender Raumillusion zunehmend eingebettet und entschärft, bis daraus ein gegen Körperschocks weitgehend abgedichtetes, ja verpanzertes Erzählkino entsteht. Die Personenpräsenz wird nun zu einem Wunder umgedeutet, das sich kongruent zur jeweiligen Fiktion ereignet – hier also zu jenen entweder mythischen oder all-american-alltagspatenten und sozial normativen Fiktionen, wie Hollywood sie vor allem seit den 1930ern oft erzählt. Auf dieser Ebene setzt dann eine Kulturindustriekritik an, die sich an den Antiken-Materialschlachten (etwa eines Cecil B. DeMille) ebenso abarbeitet wie an Frank Capras New-Deal-Optimismus (featuring James Stewart). Der Genealogie nach ist das jedoch beidemal entschärfter Slapstick, sei es – im Falle Capras – durch Psychologie, Moral und Politik sinnträchtig abgefedert oder aber als Überhöhung der Personenpräsenz ins Mythische wie bei DeMille bzw. komplett vergöttlichten Figuren à la Greta Garbo.[19] Es ist deshalb kein Wunder, wenn dieses vom puritanischen Hays Code nur ausnahmsweise nicht entschärfte Hollywood als monolithische Industrie erscheint, in der Warencharakter und Ideologie sich gemäß der Kulturindustriethese wechselhaft bedingen. (Den liebevolleren Blick auf individuelle Handschriften und Strategien von Mitwirkenden, Studios oder Regie konnte erst eine spätere Generation der Kritik im Rückblick und von Frankreich aus entwickeln.)

In Wirklichkeit geht dieser Situation um 1940 jedoch nicht bloß die Industrialisierung und massenhafte Verbreitung ehemals künstlerischen Materials aus Literatur, Theater, Tanz und Musik voraus, sondern umgekehrt auch die allmähliche Abdämpfung und Domestizierung eines gewaltsamen, überraschenden, verstörenden, doch zugleich attraktiven Me-

19 Und darin liegt genau der Camp-Effekt, nämlich in der Praxis, gerade in solcher Überhöhung und Idolatrie wiederum das Fleisch der Schauspieler, ihre Körperlichkeit zu spüren oder in Fehlern zu entdecken, also auch am oberen Ende der Skala abdämpfender Inszenierung wieder die Personenpräsenz anzutreffen, die sonst, am unteren Ende, vom Slapstick und seinen Verwandten eingenommen wird, wo es eben keine Dämpfung und Einbettung gibt.

dieneffekts: der technischen Übertragung von Lebendigkeit. Deshalb bilden Reproduktion, Zirkulation und Geschäft keineswegs die alleinige Basis von Kulturindustrie. Genauso wichtig sind Magie, Gewalt, Überraschung und Verführung. Und so bedürfen die stellenweise so überaus aktuell anmutenden Diagnosen des Kulturindustrie-Kapitels (etwa wenn die Betrogenen als über ihr Betrogensein informierte, quasi im Sinne Žižeks ›zynische‹ Untertanen geschildert werden) dringend der Ergänzung um die spezifischen Mobilisierungskräfte und Überwältigungsakte der technisch-medialen Produkte von Aufzeichnungstechnologien. Denn die indexikalen Medien installieren nicht nur – so wie alle Medien im weitesten Sinne – Abstände und Mittelbarkeit, sondern annullieren und nivellieren diese zugleich, indem sie dem Rezeptionsapparat auf nie zuvor gekannte Art ›zu nahe treten‹ – und dies in einem Ausmaß, das den Medienbegriff per se insoweit fragwürdig erscheinen lässt, wie das, was Medium genannt wird, hier nicht etwa bloß zwischen die Dinge oder auch zwischen Subjekte und Objekte tritt, sondern im Gegenteil sogar dort Nähe und Präsenz herbeizaubert, wo normalerweise Mittelbarkeit und Abstand herrschen. Dabei entstehen künstlerische Effekte, die über Naturalismus oder Realismus darin hinausgehen, dass sie nicht länger eine künstlerische, sondern eine technische Methode voraussetzen – selbst wenn diese nur im Medium der Kunst zur Geltung kommt.

Die Abwehr, Dämpfung, Domestizierung oder Umleitung dieser Effekte setzt in den 1930er Jahren nicht zuletzt deswegen mit solcher Vehemenz ein, weil sich die technischen Möglichkeiten medialen Zunahetretens zu dieser Zeit immens verstärken. Denn anders als beim Kinobild muss die mit dem Tonfilm hinzukommende akustische Dimension der Präsenz-Aufzeichnung die erlebte Realität nicht aus dem Räumlichen ins Flächige hinunterbrechen. Außerdem ist die Tonwahrnehmung unter unseren kreatürlichen Reizverarbeitungsroutinen diejenige, welche am unmittelbarsten vor Gefahren warnt – einschließlich jener besonders unheimlichen, die sich außerhalb unseres Gesichtsfelds anbahnen. Während das Auge des Betrachters sich mit dem Blick der Kamera identifiziert und so auch eine gewisse Kontrolle über die Hervorbringung des Präsenz-Effektes ausübt, wird das Ohr strukturell weit eher überrascht. Wie vor allem Horror- und Actionfilme diesen Effekt in den vergangenen fünfzig Jahren genutzt haben, beschreibt eindrucksvoll Michel Chion.[20] Für unseren Zusammenhang entscheidend ist jedoch, dass die nunmehr mit raumerfüllender Stimme sprechende zweidimensionale Aufzeichnungsperson eine so nie gekannte, gezauberte ›Echtheit‹ erlangt. Dadurch verschiebt sich ihre Attraktivität noch mehr von diesem oder jenem Können weg zum bloßen Sein, von mimischer Organisiertheit oder Schönheit hin zur schieren Präsenz, mag dies von der neuen technischen Virtuosität sowie der Einführung stabiler Genres und Industriestandards kulturell auch lange verdeckt bleiben.

Invers dazu, doch mit derselben Stoßrichtung ist in der Pop-Musik der Nachkriegszeit für die Vertiefung des Effekts gerade die neue Bebilderung bedeutsam. Denn so überwältigend und invasiv die akustische Präsenz in ihren magischen Dimensionen auch ist (Wie kann Frank Sinatras echte Stimme in meinem Schlafzimmer derart präzise zu mir sprechen?), so bleibt sie doch zu jeder Zeit die eines Anderen oder Zweiten. Zwar treten diese phonographisch aufgezeichneten Anderen mir auch (zu) nahe, doch je näher sie mir kommen, desto klarer wird auch die erotische Spannung, die just darin besteht, dass sie *nicht* Ich sind, sondern eben *Strangers in the Night*. Erst durch die visuelle Ergänzung wird die Stimme besetzbar, erst in den kulturindustriel-

20 Vgl. Michel Chion, *Die Kunst fixierter Klänge – oder die Musique Concrètement*, Berlin: Merve 2010, sowie ders., *The Voice in Cinema*, New York: Columbia University Press 1999.

len Bildermengen bzw. der Kombination aus Bildern und Tönen, Photographien und Phonographien scheint die Zusammengesetztheit der kulturellen Produkte auf – und ich kann mich mit der begehrten Stimme identifizieren, in eins setzen, etwa indem ich dazu übergehe, mir das via TV-Bild bzw. LP-Cover angezeigte Bild im Spiegel anzuschauen.

Hat die Kulturindustrie eine Geschichte? Haben die Medien eine?

In der *Dialektik der Aufklärung* wird die Kulturindustrie gelegentlich als Stadium ausgewiesen, das auf andere folge. In einem lapidaren Sinn wäre sie damit ein Bestandteil der Geschichte. Andererseits jedoch soll sich mit ihr die totale Herrschaft des Wertgesetzes vollenden, und zwar auch in jenem – vermutlich allerletzten – Bereich, wo Unterschied und Eigensinn, Widerstand und Dissidenz wenigstens in der Semantik seiner Produkte vormals noch lebten: dem der Kunst. Damit aber wäre kein neues historisches Stadium erreicht, sondern vielmehr eine Art posthistorischer Endzustand. Unterdessen bleibt solche Beschreibung – wie schon oft eingewendet – genau für das blind, was die Kultur hat industriell und massenwirksam werden lassen, nämlich die technischen Medien und ihre von Kapitalismus, Produktivitätssteigerung und Kriegsführung geprägte Geschichte. Bei Adorno/Horkheimer erscheint die Kulturindustrie eher als Bad in einer allgegenwärtigen Ideologie denn als historisch-dynamische Organisationsform massenhafter kultureller Produktion und Distribution. Deren historische Aspekte geraten so leicht aus dem Blick – etwa schon die Tatsache, dass die klassischen kulturindustriellen Distributionsformen im digitalen Zeitalter gar nicht mehr in gleicher Weise zur Verfügung stehen. Selbst so dramatische Entwicklungen wie die jüngsten Geschäftsmodellverlagerungen weg von reproduzierten Einzelhandelskulturwaren (Bücher, Zeitschriften, Tonträger) oder werbefinanzierten Zentralsendeplätzen (Radio, TV), hin zu durch individuelle Eintrittspreise bzw. per Datenverwertung finanzierten Zugangsmodellen müssen ›zeitlos‹ orthodoxer Kulturindustriekritik daher ebenso unsichtbar wie einerlei bleiben.

Die klassische Charakterisierung der Kulturindustrie beschwört einen Zustand herauf, dessen Schrecken nicht zuletzt darin besteht, dass er keinerlei Geschichte mehr hat – nicht einmal mehr im Sinne jenes Posthistoire, welches Geschichte wenigstens ex negativo noch mitdenkt (und meistens auch – wie bei Hendrik de Man, Jünger, Kojève, Fukuyama[21] – aus der Erfahrung des Scheiterns spezifischer Geschichtsphilosophien heraus entworfen wurde), sondern ganz im Sinn von Althussers oft als rätselhaft empfundenem Bonmot, dass Ideologie eben keine Geschichte habe.[22] Dies gilt offenbar auch für jene Geschichtslosigkeit, die bei Horkheimer/Adorno im kulturindustriellen Stadium herrschen soll. Erst von heute aus, wo der allgegenwärtige Warentauschverkehr zunehmend von einem damals kaum absehbaren kybernetisch-kapitalistischen Geschäftsmodell regiert wird, nämlich dem Handel mit Erwartung und Antizipierbarkeiten, tritt die Geschichtlichkeit der früheren Stadien von Kulturindustrie in einem Akt »regressiver Geschichtsschreibung«[23] deutlich hervor – nicht zuletzt auch unter dem Druck der aktuellen Verhältnisse. Denn sowenig sich heute jemand für die Forschungen zur sekundären oral culture in afroamerikanischen Haushalten (etwa von Walter Ong[24]

21 Vgl. Lutz Niethammer, *Posthistoire*, Hamburg: Rowohlt 1989.

22 Louis Althusser, »Ideologie und ideologische Staatsapparate«, in: ders., *Marxismus und Ideologie*, Berlin: VSA 1973.

23 Vgl. Philippe Descola, *Jenseits von Natur und Kultur*, Berlin: Suhrkamp 2013.

24 Walter J. Ong, *Oralität und Literarität. Die Technologisierung des Wortes*, Opladen: Westdeutscher Verlag 1987.

und Roger D. Abrahams[25]) in den 1950er und 1960er Jahren interessieren würde, wenn es aktuell keinen weltweit erfolgreichen Rap gäbe, so dunkel bliebe womöglich auch der historische Wandel des Massenbetrugs, wo nicht gerade ein neues Verwertungsmodell unseren Alltag revolutionierte – ein Modell, das sich weniger von der Reproduktion als von der Verwertung soziokultureller Metadaten nährt.

Erstaunlicherweise sind es ausgerechnet die (sonst weniger als geschichtliche Denker bekannten, sondern eher des Techno-Positivismus verdächtigen) Medienwissenschaftler, deren Kritik an der Kulturindustrie diese am überzeugendsten historisieren könnte. Schlüssig wurde etwa von Wolfgang Hagen gegen Adorno dargelegt, dass das Radio im Laufe seiner Geschichte alles andere als ein kulturindustrieller Monolith war, sondern sehr differente technische Standards ausgebildet hat, weswegen auch die Nutzung der Geräte durch Unterhaltungsindustrie, Werbewirtschaft und politische Propaganda keineswegs immer demselben technischen Prinzip folgt.[26] Und Friedrich Kittler ging in seinem Globalhass gegen die Frankfurter Schule gar so weit, den Begriff der Ware im Kulturindustriekapitel durchgehend durch ›Code‹ ersetzen zu wollen[27] – was insofern nicht völlig abwegig wäre, als der Begriff des Codes die Ware zwar vorderhand auch von ihrer Geschichtlichkeit abkoppelt, dadurch jedoch gerade die Chance eröffnet, das Verhältnis von Code und Ware als kulturindustrielle Geschichtsdynamik zu entwickeln. Wäre

25 Roger D. Abrahams, *Deep Down in the Jungle. Negro Narrative Folklore from the Streets of Philadelphia*, Chicago: Aldine Transaction 1964.

26 Vgl. Wolfgang Hagen, *Gegenwartsvergessenheit. Lazarsfeld, Adorno, Innis, Luhmann*, Berlin: Merve 2003, S. 43-64.

27 Vgl. Friedrich Kittler, »Copyright 1944 by Social Studies Inc.«, in: Sigrid Weigel (Hg.), *Flaschenpost und Postkarte. Korrespondenzen zwischen Kritischer Theorie und Poststrukturalismus*, Köln, Weimar und Wien: Böhlau 1995, S. 185-193.

eine adäquate Analyse der *verschiedenen* Verfahren, mittels derer beim Film, beim Phonorecording, Photo oder Digital Sampling jeweils Code zu Ware wird, doch schon die halbe Miete einer genuinen Geschichte der Kulturindustrie. Folgt man Kittler also nicht auf ganzem, sondern bloß auf halbem Wege, so müsste dies nicht notwendig zu einem faulen Kompromiss führen, sondern könnte vielmehr das Ausgangsmaterial liefern, auf dessen Grundlage die wechselnden kulturindustriellen Konstellationen als historische Stufen einer kapitalistisch-kybernetischen Integration von Kunst und Kultur schärfer Konturen erhielten.

Die erste dieser Stufen wäre durch die Verknüpfung von Radio und Kino charakterisiert. Das frühe Radio bildet hierbei den Pol, wo man Öffentlichkeit und Zentralität, Propaganda und (oft festlich inszenierte) Unterhaltung zelebriert, also den Kanal, durch den die Ritualformen des Staates und der Repräsentation in alle Wohnzimmer und Küchen, sprich: ins Innere der Kleinfamilie, injiziert werden. Dort können sie dann – unter flexibler Anpassung ans jeweilige Privatgeschehen – teils mittelbar als patriarchale Ordnung reproduziert, teils unmittelbar als Befehlskette exekutiert (oder in selteneren Fällen auch obstruiert) werden. Als Gegenpol bzw. Komplement dazu fungiert das Kino, zu dessen öffentlichem Ort man zwar in säkularisiert festlicher Haltung pilgert, um dort jedoch dem allerprivatesten Vergnügen, dem Träumen, nachzuhängen, genauer: einem sensorisch unterstützten Träumen, das nun allerdings in aller Öffentlichkeit und kollektiv stattfindet – im Dunkeln zwar, doch in geradezu militärischer Synchronität von Lachen und Geheule.

Die mit der ersten Stufe der Kulturindustrie einhergehende Erkenntnis, dass man die formenden, standardisierenden bzw. ordnenden Kulturinstitutionen, wie sie sich aus der Dichotomie von Öffentlichkeit und Privatheit in der bürgerlichen Welt herausgebildet hatten, offenbar umbauen kann, indem man etwa Theater und Schlafzimmer zum Kino oder Kasernenhof, Konzertsaal und Familienritual zum Radio kombiniert, ermöglicht dann den Übergang zur nächsten, zweiten Stufe: Auf dieser kommt etwas hinzu, was zuvor nur unbewusst verarbeitet oder bewusst verdrängt wurde, nämlich der Index-Effekt der Übertragung einer realen Person sowie der daraus resultierende Entschluss, dessen Magie – anstatt sie im Schatten von Eskapismen und offiziell zugelassenen Vergnügungen am Familientisch zu neutralisieren – so weit wie möglich zu entfalten. Radio und Kino bestehen auf dieser neuen Stufe zwar noch fort, werden jedoch alsbald von der neuen Konstellation Pop-Musik und TV – also Verbünden von Medientechnik und sozialem Dispositiv – überflügelt und auf längere Sicht in Nischen abgedrängt.

Das Fernsehen übernimmt vom Radio den Import der Öffentlichkeit ins Zentrum des privaten Lebensraums – als elektrisches Kaminfeuer, wie es bei McLuhan heißt. Daneben bringt es jedoch auch die Traumeinladungen des Kinos in die eigenen vier Wände. In der Folge etabliert sich auch ein anderer Umgang mit den übertragenen Personen, ein neuer Habitus, der weniger auf schmachtende Unterwerfung unter die überirdischen Verkörperungen mythischer Narrative hinausläuft als vielmehr auf alltägliche Begegnung bzw. die Gewöhnung an das permanente Herbeigezaubertsein vertrauter öffentlicher Stimmen und Visagen. Denselben unvermittelten Zugang zu medialen Personen kultiviert auch die qua Doppelung von Bild- und Tonaufzeichnung konstituierte Pop-Musik – allerdings nun ohne fixen Öffentlichkeitsort (wie einst das Kino), sondern als teils öffentliche, teils private, doch immer offene und stets vom Rezipienten zu vollendende, mithin auch mitzubestimmende Relation. Deren Spektrum reicht von Fans, die als solche demonstrativ durch den öffentlichen Raum laufen, über halböffentliche Kneipen- und Konzertsituationen bis zu den Hörerlebnissen im Kinderzimmer und dem visuellen Wiedererkennen im Fernsehen, auf Magazinseiten und Plattenhüllen, wobei es vor allem auf die individuelle Kombination bzw. Synthese der verschiedenen Sphären ankommt.

In dieser Kulturindustrie II rückt die indexikale Seite, d. h. der abrupte Auftritt der direktübertragenen oder aufgezeichneten Person, vollends in den Mittelpunkt. Doch weder offen aggressiv bzw. nackt wie im *cinema of attractions* bzw. Vintage-Porno noch auch wie in Kulturindustrie I in Bedeutung oder Narration wattiert, gleich ob als Götterdiva (Garbo) oder Idealtyp des Alltagsmenschen (Stewart). Vielmehr ist der magisch überraschende Moment jetzt selbst zum Motor der kulturindustriellen Produktion geworden. Deshalb müssen die neuen Protagonisten in erster Linie *wirklich* sein, sei es durch materielle oder leibliche *Risse* (Fehler, Unwillkürliches) im Rahmen altkulturindustrieller Inszenierungen (so wie Camp sie bei María Montez oder Tallulah Bankhead liebt), sei es durch ihre schiere *Alltäglichkeit* wie bei dauerpräsenten Fernsehmoderatoren oder Daily-Soap-Darstellern (die einige sprichwörtlich besser kennen als ihre Lebenspartner) oder sei es schließlich und vor allem durch die *indexikalische Präsenz* der phonographisch wie photographisch als lebendig, kräftig, sexuell bzw. bedrohlich inszenierten Pop-Stars – souveräner Medienkörper, die durch ihre Körperlichkeit geworden sind, was sie sind: Elvis, Marylin, Marlon.

Dass die einst so ätherischen Göttinnen und Götter plötzlich einen Leib und vor allem einen Unterleib erhielten, wird oft als Reaktion auf die Verdrängung der Sexualität durch die autoritären Charaktere des Hays Office und die kulturelle WASP-Hegemonie oder noch grundsätzlicher als Aufstand gegen eine von Fließband und Fabrikarbeit geprägte Disziplinargesellschaft und Erwerbskultur gedeutet. Genauso gut kann man sie aber auch als Revision im Sinne kulturindustrieller Optimierungsinteressen sehen. Binden die körperlich gewordenen Stars die Fans doch noch viel enger, nämlich gleichfalls körperlich an das Produkt. Die Konsumenten der Kulturindustrie werden so – nominell auch ganz im Sinne einer linken Kritik an deren passivierend entmündigendem Charakter – massiv aktiviert, was sie jedoch selten zu Kritikern, sondern meist nur zu noch besseren Konsumenten macht.

Weit wichtiger für den Wandel von der ersten zur zweiten Kulturindustrie ist jedoch der Übergang zu einer Technologie, die Kulturwaren – anstatt wie vormals zentral (Kino, fixiertes Radiogerät) und via Verehrung – nun dezentral (TV, portable Radios und Abspielgeräte) und via Identifikation zu verkaufen erlaubt. Analog dazu verdrängt das ›So will ich sein‹ das ›Den/Die will ich haben‹. Der entscheidende ideologische Einschnitt besteht gleichwohl darin, dass die von indexikalen Medien übertragene, über ihre Körperlichkeit authentifizierte Person um 1960 den glamourösen fordistischen Star als zentrales kulturelles Vehikel nach und nach ersetzt und so zum Supersignifikanten des Postfordismus avanciert. Als solcher macht er dann eine Entwicklung von der dissidenten Chiffre zum Mainstream-Zeichen durch, wobei es weder primär seine Zeichenform noch die Art seiner künstlerischen Verwendung ist, die seinen Siegeszug bis zur Durchsetzung als Marktstandard (ebenso wie den Niedergang bis zur Castingshow mit ihrer abstoßend normativen Macht über Pubertätsverläufe) verursacht hat, sondern die neue medientechnische Valorisierbarkeit des unwillkürlichen Menschen. Zwar stand dieser absorbierte, träumende, aber auch unkontrollierte, emotional überwältigte, abgrundtief traurige Mensch seit jeher im Fokus der Kunst, musste dort aber stets erst über langwierig-reflexive, von der Disziplin des Lesens, Musizierens oder der bildenden Künste geprägte Prozesse hergestellt und gegen das zweckfixiert funktionierende Subjekt der Geschichtsschreibung, des Unternehmertums und der Kriegsführung in Stellung gebracht werden. Die indexikalen Medien ermöglichen dagegen einen schnelleren, gleichsam umweglosen Zugang zu diesem fragilen Humanum, das mittels massenhafter Reproduzierbarkeit zudem besser vertrieben und verwertet werden kann. So erweisen sich die Eigenheiten des romantischen Menschen im nachindustriellen, serviceorientierten Kapitalismus plötzlich als profitable Charme-Ressourcen, die an- und abgebaut sein wollen.

Nun ist es sicher richtig, dass technische Neuerungen oft falsch als ästhetische oder gesellschaftliche Epochengrenzen inszeniert und in der Folge auch in der Medienwissenschaft regelmäßig überschätzt werden. So brachte etwa der Übergang von einer intensiven Mailorder-Kultur zum Internet-Handel in vielen Subkulturfeldern bislang fast nur quantitative Verschiebungen, kaum aber qualitativen Wandel. Analog dazu lieben Kunsthistoriker es, nachweisen zu können, dass Photos wie klassische Gemälde aufgebaut sind. Kurzum: Nicht überall, wo Altbekanntes bloß ein bisschen besser flutscht, bildet sich deshalb gleich neue historische Substanz. Die Indexikalität aber markiert tatsächlich einen historischen Einschnitt, dessen Bewältigung auch die Stufenfolge der Kulturindustrie historisch strukturiert. Wo nicht mehr mimetische Verfahren in den Händen intentionaler Subjekte das Zentrum künstlerischer Praxis bilden, sondern ein schöner Spuk, der Menschen ebenso wirkungsvoll herbeizaubern kann, wie er sie als künstlerische Subjekte zugleich weitgehend entmachtet, so ist das allemal etwas Neues. Denn das Künstler_innensubjekt versucht nun nicht länger (oder bloß anachronistisch), mit selbstbeherrschten künstlerischen Mitteln dazu in Konkurrenz zu treten; stattdessen obliegt ihm jetzt vor allem das Ausrichten, Verstärken, Verhindern oder Reflektieren dieser magischen Index-Effekte. Und das ist keinesfalls mit jener gängigen Diagnose zu verwechseln, die bloß sagt: Statt länger zu tun, was die Photographie ohnehin besser kann, malen die Maler jetzt eben abstrakt. Denn weitaus häufiger arbeiten die Künste – zumal nach 1960 – an der

Reflexion des Index-Effektes in dessen unmittelbarem Einzugsbereich.

Der Index als konstruktiver Bruch

Der Umgang mit der Indexikalität phono- und photographischer Aufzeichnungen war die größte Herausforderung, der sich die nachpopulären Künste stellen mussten, umso mehr, als es dafür anfangs noch kaum Begriffe gab. Und wie wäre eine Medienästhetik des Index überhaupt begrifflich zu erfassen? Der Umstand, dass aufgezeichnete Klänge und Bildelemente als real verursacht erscheinen (unabhängig davon, ob sie es auch stets tatsächlich sind), ist nicht zuletzt deshalb entscheidend, weil er ein Moment des Bruchs mit einem Moment der Konstruktion verbindet. Denn die mechanische Seite der Indexikalität, also die tatsächliche Verursachung durch das aufgezeichnete Objekt, reicht dafür allein nicht aus. Nach wie vor gehören künstlerisch gestaltete Umgebungen dazu. So tritt der *Index-Effekt* erst dort auf, wo ich ein Werk zwar einerseits als Fiktion oder dokumentarische Erzählung auffasse und somit konventionsgemäß von dessen realem raumzeitlichem Produktionsort abstrahiere, dann aber im Material dieser Fiktion, in ihren Bildern und Klangaufzeichnungen, etwas erkenne, das jenseits aller Bebilderung, Erfindung oder Symbolisierung als unmittelbar Reales kenntlich bleibt bzw. eminent wird: im elementarsten Fall ein Fehler (etwa ein vergessenes Mikrophon[28]), letztlich aber jeder Realitätsaspekt, den ich inmitten der Fiktion als realen und somit von der im Werkmaterial manifestierten

28 Unübertroffen sind die vielen Fehler in Alfred Hitchcocks *Torn Curtain* (1966), die sich auf seltsam unbeabsichtigte Weise mit der Erzählung von der technischen und organisatorischen Rückschrittlichkeit der DDR verbinden.

Intention, Narration, Argumentation etc. unabhängigen ausmache.

Etwa so: Ein Film spielt in Paris, fern im Hintergrund der Eiffelturm. Doch auch wenn der reale Eiffelturm gefilmt wurde, bleibt das ohne indexikalen Effekt. Das Symbolische, die Narration überwiegt. Schnitt. Ein Spaziergänger auf einer Straße des Marais. Auch hier ist es egal, ob im Studio oder vor Ort gefilmt wurde, nichts daran durchbricht die Bedeutungsebene als Schauplatz einer Geschichte in Paris. Dann aber bleibt eine Darstellerin, um sich das Kleid zurechtzuzupfen, auf einem Gullydeckel stehen, und da klebt ein Kaugummi – *und wird auf einmal als real sichtbar*. Das ist ein Index-Effekt. Kein Zweifel, denn dies hier ist ein ›echtes‹, weil gar nicht erzählbares, kontingentes, völlig sinn- und funktionsloses, ergo *absolut reales* Kaugummi. Niemand, den wir kennen oder in den Credits finden könnten, hat es dahin geklebt. Und doch ist es irgendwie dahin gekommen – und entfaltet so die romantische Energie einer veritablen Ruine.

Konstitutiv für den Index-Effekt ist also, dass er der künstlerischen Konstruktion entgeht. Doch genau dies wird nun die entscheidende Herausforderung für künstlerisches Handeln, obwohl sich gerade stärkere Index-Effekte kaum gezielt beabsichtigen lassen. Allerdings gibt es Strategien, die ihr Eintreten begünstigen (Cinéma vérité), sowie andere, die sie zu unterdrücken beabsichtigen (MGM-Musical). Wo sie mit Wucht auftreten, bewirken sie eine Art Umkehrung des Brecht'schen V-Effekts: Wie dieser unterbrechen sie zwar das Kontinuum der Fiktion (oder auch eines geschlossenen dokumentarisch-argumentativen Universums), jedoch dient die Unterbrechung hier gerade nicht, wie in Brechts Absicht, einer gezielten Desillusionierung zur Aktivierung von Kritik, sondern verstärkt im Gegenteil letztlich sogar die Illusion. Denn zwar treibt der Index-Effekt – ganz wie der V-Effekt – das Illusorische der jeweiligen Fiktion hervor, doch nur, um – sehr im Gegensatz zu diesem – zugleich evident werden zu lassen, dass ›hinter‹ dieser Illusion noch eine dichte, scharfe, harte, geile Wirklichkeit besteht und dass auch sie per Medium herbeigezaubert (und mit der arrangierten und komponierten ikonischen Dimension des fiktionalen Vordergrundes mehr oder weniger verbunden) werden kann. Allerdings erschwert auch diese Hyperillusion – darin wieder analog zum V-Effekt – das unmerkliche Gleiten der Fiktion und hat vor allem den gravierenden Effekt, das Abschnurren der Narration gegenüber den wohlgesetzten indexikalen Brüchen zum vergleichsweise schwachen Reiz herabzustufen – zumal wo diese Brüche dann ihrerseits ein neues, durchgängiges Rezeptionsparadigma konstituieren: ein medial vermitteltes Gefühl des In-der-Welt-Seins, der Zuschaltbarkeit von Realitätssplittern.

Wie Kunst und Kulturindustrie sich diesen und andere Realitätseffekte seit 1960 in stetem Austausch (mal in der Form von Konkurrenz oder Ausbeutung, dann wieder als Kollaboration) zunutze machen, wird Thema des zweiten, exemplarisch dem New Yorker Untergrund um 1960 gewidmeten Teils dieser Abhandlung sein. Im dritten und letzten Teil schließlich wird es darum gehen, wie heutige Real(polit)-kunst – oft wenig bewusst – mit solchen Realitätseffekten zu arbeiten versucht bzw. in Realwelt-Inszenierungen ohne Medien zu überbieten versucht, um vermeintliche Folgenlosigkeitsprobleme von Kunst zu lösen. Index-Effekte fungieren dort (mehr oder weniger naiv) vielfach als Maß von Kunstwirkung: echte Tränen, Körpersäfte, Exkremente, Tattoos auf Performern oder Rezipienten, dazu partizipatorisch einbezogenes Publikum oder Statisten (von Santiago Sierra bis Rimini Protokoll). Und auch die Massenkultur der Gegenwart lebt zwischen Reality TV und Castingshow, YouTubern[29] und Candid Camera (nun aber meistens mit vollem

29 »[…] das macht den Film zu etwas Besonderem für die Jugendlichen, denen es nicht um Qualität geht, sondern um Authentizität.

Medieneinsatz) von Indexploitation, vor allem vom seit jeher einflussreichsten Sonderfall dieses Effekts, der nicht von einem Kaugummi, sondern von einem menschlichen Gesicht bzw. Körper und dessen Unwillkür oder Absorbiertheit im jeweiligen Geschehen ausgeht. Dieser Umkehrung des V-Effekts zu einem P(ersonenpräsenz)-Effekt soll auf der Zuschauerseite schließlich ein B(egehrens)-Effekt entsprechen. Die präsente Person ist begehrenswert in dem Maße, wie sie nicht kontrollieren oder planen kann, was ihr geschieht, wie sie so abgelenkt und überrascht ist wie wir selbst, wenn wir die eigene mediale, in unserer Überraschtheit und Übertölpelung durch das Bild-Ton-Medium verursachte Echtheit wie in einem *mise en abyme* in den Reaktionen eines überraschten, übertölpelten Dschungelcamp-Bewohners oder einer unabsichtlich weinenden Sängerin wiedererkennen.

Jenseits von seinen extremen, d. h. trivialen und industriell beherrschten und deshalb für uns kaum relevanten Fällen des C-Fernsehens hat dieser B-Effekt gleichwohl noch eine andere Seite: Seine Ursache ist im Visuellen oder Audititven nie stabil zu verorten, er ist nicht repräsentiert. So habe ich zwar einen starken Verursachungsaffekt (›Das ist *wirklich*!‹), höre materialiter aber nur ein Husten, eine unbestimmte Rauheit in der Stimme, oder sehe einen Kaugummi – weit und breit kein sinnlicher Reichtum, der der Affektgröße entspräche. Passend dazu kann ich sehr viel leichter *denken*, dass und wie solcher Effekt zustande kommt, als dass ich ihn auf meine Sinneseindrücke oder deren Intensität zurück-

Fernsehen sei für sie nicht interessant, sagen drei Mädchen, ›die Menschen schauspielern da so‹. Bei den Schminktipps von Bibi oder den Alltagsberichten von Melina Sophie sehen sie dagegen normale Jugendliche, die normale Probleme haben. ›Sie […] machen einem immer gute Laune‹.« (Aus: [ohne Verf.], »Ulk total authentisch«, in: *Süddeutsche Zeitung*, 20.7.2015, S. 8, online unter ⟨http://www.sueddeutsche.de/panorama/youtuber-im-kino-ulk-total-authentisch-1.2572740⟩, letzter Zugriff am 6.10.2016.)

führen könnte. Den Künsten bleiben nun zwei Möglichkeiten, diese affektive Lücke zu bearbeiten: Entweder können sie versuchen, den Sinnesreichtum irgendwie nachzureichen, indem sie ihre sinnliche Seite an den Index-Effekten ausrichten, also den B-Effekt gezielt hervorzubringen suchen – was bei entsprechender Routine meist auf ›Sex und Gewalt‹ hinausläuft. Oder sie werden konzeptuell. Von diesen beiden Möglichkeiten wird im Folgenden genauer zu reden sein.

II.
Case Study New York um 1960: Sex und Gewalt statt Lust und Unlust

Vor fünfundfünfzig Jahren

Als die Entwicklungen, die ich im Folgenden herausstellen möchte, ihren Anfang nahmen, wurde die Frage nach den Wirkungen der Künste noch unter ganz anderen Voraussetzungen gestellt. Nicht nur, weil damals die Literatur das zentrale Paradigma war, sondern auch, weil es im Wesentlichen um die jeweilige Positionierung auf einer (allseits geteilten) Skala ging, die von engagierter Literatur einerseits bis zur reinen Poesie andererseits reichte. Ob und wie Kunst überhaupt an gesellschaftliche Entwicklungen angeschlossen sei, musste dabei offenbar nicht eigens problematisiert werden, da es mit der Entscheidung des autonomen Künstlersubjekts zu mehr oder weniger Engagement gleich mitentschieden schien: Wirken-Wollen und Wirken fielen (ebenso wie Nicht-wirken-Wollen und Nicht-Wirken) vermeintlich zusammen. Allerdings zeigte dieser voluntaristische Diskurs, der bald von Formaten wie ›Provokation‹ und anderen, meist strategisch[30] gedachten Genres aus bildender Kunst

30 Der Begriff »Strategie« wird spätestens in den 1980er Jahren im Kunstdiskurs dominant und tritt an die Stelle der einst ganz beim Autor situierten Intention, auf die in den 1960ern die Provokation, die Aktion und die Situation folgten. Die Strategie sollte unter Berücksichtigung dieser Entwicklung gewissermaßen die Instanz des Werkes sowohl gegen zu viel Subjekt wie auch gegen zu viel Rezeption retten.

und Theater nachhaltig erschüttert werden sollte, schon damals erste Risse – vor allem, wenn es um andere Künste als die Literatur ging. Der aufgeklärte Modernismus in E-Musik und Malerei hatte sich mit den Kriterien Komplexität und Anti-Illusionismus verknüpft. Auch wenn das Engagement dazu zuweilen etwas quer stand (etwa bei Luigi Nono), galten engagierte, komplexe und anti-illusionistische Kunstwerke sowohl als (politisch) fortschrittlich wie als anti-kulturindustriell. Und auch wenn Adorno zuweilen einräumt, das Werk könne, ja müsse klüger sein als sein Schöpfer, regiert doch weitgehend unangefochten die Intention.

Vor diesem Hintergrund veröffentlicht der Mathematiker, Komponist und Theoretiker Henry Flynt 1963 in dem von La Monte Young und Jackson Mac Low herausgegebenen Künstlerbuch *An Anthology of Chance Operations* einen Aufsatz mit dem Titel »Concept Art«. Darin kritisiert er ein Phänomen, das er – hier exemplarisch an der westlichen Kunstmusiktradition im Ganzen und speziell an deren damals neuester Ausprägung, dem Serialismus der Darmstädter Schule, aufgezeigt – als »Structure Art« bezeichnet.[31] Flynts Vorwurf an diese ›Strukturkunst‹ lautet, dass sie Komplexität bloß noch aus Legitimationsgründen pflege und steigere, nicht mehr dagegen mit Blick auf hörbare Erfahrung. Den daraus erwachsenden Aporien und Fehlentwicklungen setzt Flynt vier Alternativmodelle entgegen, die sich jeweils aus der Negation einer fundamentalen Eigenschaft der europäischen Kunstmusik (und zumindest in Andeutungen: westlicher Kunst überhaupt) ergeben und – für unseren Zusammenhang entscheidend – in jedem Fall auch auf bestimmte Wirkungstypen zielen.

31 Henry Flynt, »Concept Art«, in: La Monte Young/Jackson Mac Low (Hg.), *An Anthology of Chance Operations*, New York 1963 (im Selbstverlag).

Konkret führt Flynt als Gegenbeispiele erstens die rituelle Musik zu den Goli-Tänzen der Baoulé aus der heutigen Elfenbeinküste ins Feld, zweitens den R&B-Hit *Sweets For My Sweet* von Doc Pomus und Mort Shuman (bekannt u. a. durch die Drifters und die Platters), drittens die asiatisch inspirierten Drones von La Monte Youngs Theatre-of-Eternal-Music-Ensemble sowie viertens eine noch zu entwickelnde »Concept Art«, die den Genuss an formalen und strukturalen Gebilden zwar von der europäischen seriellen Musik übernehmen, jedoch endgültig vom sinnlichen Hören abkoppeln will und deren Komplexität weit über das Konzept des Seriellen hinausgehen soll. Denn ein zur bloßen Dechiffriermaschine degradiertes Hören beschränke ohnehin nur unnötig die Strukturphantasie. Mit diesen ästhetischen Gegenentwürfen zur Avantgarde Darmstädter Prägung verbindet Flynt zudem – im Jahr der Gründung der OAU, der Organisation für Afrikanische Einheit (und drei Jahre nach der Unabhängigkeit von achtzehn afrikanischen Staaten) – eine generelle Kritik an der eurozentrischen Kulturhegemonie, die sich anhand seiner Beispiele wie folgt entfalten lässt:

(1) Die Baoulé-Musik steht exemplarisch für eine musikalische und künstlerische Praxis, die im Gegensatz zur europäischen nicht von der Subjektivität eines Komponisten ausgeht, der das musikalische Geschehen architektonisch-sinnbildlich für die Organisation von Lebenszeit und individueller Entwicklung formt, sondern die vielmehr ein fließendes, immer schon laufendes Geschehen darstellt, dem der Einzelne sich einfügt, um eine gemeinschaftliche Transformation zu erleben. Alle Beteiligten sind dabei zugleich Produzenten wie Rezipienten, Gegenstand wie Schöpfer. Dass dies trotzdem nicht in lauter parallele Solipsismen mündet, liegt daran, dass jeder Beteiligte statt eines Innenspiegels mehrere Gegenüber hat, die sich, wie er, nur *neben Anderen* auf sich selbst beziehen. Denn die Intersubjektivität ästhe-

tischer Erfahrung – in Kants Ästhetik nur ex post über das Kunstgespräch erreichbar – ist hier schon die Bedingung der Erfahrung selbst: Ich beobachte mich unter Beobachtung. Und dieses Unter-Beobachtung-Stehen verursacht erst die Tiefe der primären (Selbst-)Beobachtung. Nur als Objekt der Anderen werde ich Subjekt. In solchem Über-Bande-Spielen zeigt sich nicht zufällig eine markante Parallele zu den Erfahrungen, die man in Andy Warhols Factory zeitgleich mit Posen macht: Auch hier werden die Index-Effekte nie genuin aus dem Subjekt, sondern immer indirekt erzeugt, als gemeinschaftliche Feedback-Konstellation.

(2) Die elektrisch verstärkte Soul- und R&B-Musik Afroamerikas (*Sweets For My Sweet*) steht bei Flynt für eine (im Gegensatz zu den Werken der Darmstädter Avantgardisten) massenhaft und anti-elitär zirkulierende Musik, die dennoch nicht nur durch den Markt, sondern auch durch das politische Selbstverständnis einer Community bestimmt ist, über sie jedoch (wiederum im Gegensatz zur Avantgarde) massiv hinauswirkt. Im selben Tenor erklärt Flynt zwei Jahre später in einem gemeinsam mit dem Fluxus-Anführer George Maciunas herausgegebenen Pamphlet des Titels *Communists Must Give Revolutionary Leadership in Culture*[32] den Parteikommunisten der USA, dass sie ohne Kenntnis und Einsatz von (seinerzeit so genannter) »Street Negro Music« jeden nennenswerten Einfluss auf die amerikanische Arbeiterklasse vergessen könnten. Überhaupt könne eine ökonomische Analyse zur Lage der Arbeiterklasse nirgendwo hinführen, solange sie nicht die kulturellen Techniken eines

32 Henry Flynt/George Maciunas, *Communists Must Give Revolutionary Leadership in Culture*. New York: World View 1965. Der Erfinder des *Whole Earth Catalog* Stewart Brand wird später zugeben, dass ihn diese Schrift zu seinem Projekt inspiriert hat, gerade auch deren (bei Brand dann aber nicht mehr kommunistisch gemeinter) Untertitel: *Access to Tools*.

Gebrauchs jenseits von Konsum miteinbeziehe, die diese Arbeiterklasse selbst entwickelt oder kulturell habitualisiert habe. Zum konkreten Nachvollzug empfiehlt Flynt den Genossen neben Soul-Platten auch Tools wie den Citroën 2CV oder die Hammond-Orgel. Und als Referenz-Song dient ihm folgerichtig *Dancing In The Streets* von Martha And The Vandellas, worin der utopische Aufbruch der Community nicht zufällig als Wirkung *aufgezeichneter* Musik zelebriert wird: »Everywhere there is records playing and dancing in the streets.«

(3) Dagegen stehen die Drones – also die so lang wie möglich gehaltenen Töne von La Monte Young und anderen – für eine Kunst, die sich gerade nicht als Ding von ihren Produzenten abtrennen und somit auch weder vermarkten noch sonst irgendwie verdinglichen lässt. Als gleichsam kurzgeschlossene Innen/Außen-Resonanz spielt sie – analog zur Gruppe/Individuum-Dialektik in der Baoulé-Musik – zugleich innerhalb wie außerhalb des sie erzeugenden Körpers. Allerdings geschieht die Symbiose von Produktion und Rezeption hier eher strukturell bzw. materialästhetisch, nämlich indem man die Kontinuität der Verursachung so radikal perpetuiert, bis diese selbst thematisch und eben dadurch – als (abermals gemeinschaftliches) Eingeschwungensein – real wird. Dadurch werden minimalistische Drones auch zum Beispiel einer Kunst, die über Verursachung nachdenkt, ohne mit medialer Indexikalität direkt zu tun zu haben. Indes geht es auch hier primär darum, den (a-subjektiven) Körper diesseits von Plan, Verantwortung und Konstruktion zur Ursache werden zu lassen – und dies wiederum selbst sinnlich zu erfahren.

(4) Die Concept Art schließlich macht das Entziffern und Rekonstruieren von Komplexität endgültig zum zentralen künstlerischen Paradigma. Konsequenterweise kappt sie dafür die konventionelle Verknüpfung mit Sinnesdaten, genauer: die Synchronie von Sinnesdatenzufuhr und Erschlie-

ßungstempo. War dieser Konnex in der Literatur (zumal vor Lessings *Lakoon*) schon seit jeher etwas lockerer, sieht Flynt nun die Zeit gekommen, ihn auch in den anderen Künsten – vor allem in den (wie die Musik) traditionell zeitgebundenen – hinter sich zu lassen. Schließlich brauchten die Zeitkünste im Zeitalter von Recording und technischen Bildern keine mimetische Simulation von Welterfahrung mehr zu liefern, sondern könnten sich stattdessen als variables Nebeneinander verschiedener, je nach Konzeption auf kognitive oder affektive Rezeptoren gerichteter Zeichentypen organisieren. Oder klassisch ausgedrückt: Die Form ist nun nicht mehr durch die Notwendigkeit zur Vermittlung des jeweiligen sinnlichen Substrats oder Gehalts determiniert, sondern kann und soll ganz der Idee dienen – bei der man es denn auch bewenden lassen kann.

Flynts Kritik an der europäischen Hochkulturtradition im Allgemeinen und deren musikalischen High-Modernism-Ausläufern im Speziellen richtet sich aber auch gegen die maßgebliche Position in der Theorie der bildenden Kunst. Denn Clement Greenbergs vorderhand aufklärerisch-antiillusionistisches Dogma funktioniert ja ganz ähnlich wie die Theorie des Serialismus: Es verlangt die Bewältigung der materiell gegebenen medialen Elemente der Malerei (die Leinwandhaftigkeit der Leinwand herauszuarbeiten, den Farbauftrag als Farbauftrag zu thematisieren etc.), so wie der Serialismus die Bewältigung der gegebenen Konstante Zeit durch Methoden der Nicht-Wiederholung in Reihe und Serien.[33] Wichtig ist bei alldem, dass Flynt nicht bloß *eine* besse-

33 Clement Greenberg, »Avant-Garde and Kitsch«, sowie ders. »Towards a Newer Laocoon«, in: ders., *The Collected Essays and Criticism* (hg. v. John O'Brian), Band I: *Perceptions, Judgements, 1939-1944*, Chicago: University of Chicago Press 1987, S. 5-22 bzw. S. 23-41.

re Kunst weiß, sondern gleich vier. Allerdings können diese ihre negierende wie gegenkulturelle Kraft paradoxerweise nur entfalten, wenn sie sich getrennt voneinander entwickeln. Zugleich bilden sie jedoch auch eine Matrix, die Begegnungen und Austausch zulässt: So befruchtet etwa eine kollektive, anti-architektonische Musizierweise bestimmter afrikanischer Ritualmusik den ins Stadium der Kollektivimprovisation übergehenden Jazz. Auch minimalistische Strukturen kommen dort, etwa bei John Coltrane, zum Tragen, so dass dieser – vormals ein Freund komplizierter und rasender Akkordwechsel – 1962 dreißig Minuten lang über einen einzigen Akkord spielen lässt, was wiederum den jungen Minimalisten Steve Reich begeistert: »›Wie ist die Akkordfolge?‹ – ›E.‹ – ›Und dann?‹ – ›E.‹ – E über eine halbe Stunde. Das war unglaublich eindrucksvoll.«[34] Von der R&B- und Soul-Musik übernehmen die Minimalisten dagegen das Prinzip der Autographie: Wie in der neueren Pop-Musik bringen die Komponisten ihre Musik (zumindest anfangs) selbst zur Aufführung, womit sich die Hierarchie von zerebraler Notation, militärischem Dirigentenkommando und gehorsamem Klangkörper zwanglos erübrigt. Die Musik soll in den Körpern bleiben, die sie erzeugen. Und schließlich sind es genau die radikalminimalistischen, mit bis zu siebenstündigen Drones beschäftigten Musiker wie Tony Conrad, La Monte Young und Flynt selbst, die sich in Word Pieces daran versuchen, jene ominöse Concept Art zu entwickeln, die Künstler wie Lawrence Weiner, Sol LeWitt und Art & Language ein paar Jahre später und unter etwas anderen Prämissen zu einer offiziellen Kunstrichtung, der Conceptual Art, ausbauen werden (obwohl auch diese das Problem ihrer Materialität nie richtig lösen können). In Brasilien, Wien und Süddeutsch-

34 Zit. n. Ben Ratliff, *Coltrane. The Story of a Sound*, New York: Farrar, Straus and Giroux 2007, S. 145.

land arbeiten Konkrete Poeten zeitgleich an parallelen Fronten.

Für Flynt markieren alle diese Vorschläge um 1963 auch *andere Wirkungen* von Kunst. Im Gegensatz zu heutigen Kunstaktivisten denkt er dabei jedoch nicht an eine direkte politische Verantwortung oder an institutionelle Folgen. Eher bilden sie für ihn ästhetische Lösungen eines politischen Problems, das aus historischen (de facto durchaus institutionellen, von ihm aber nicht explizit so begriffenen) Eigenschaften der westlichen Kunst resultiert, nämlich aus deren Eurozentrismus, Rassismus und Elitismus – ein Elitismus, der überdies weder die ›wahren‹, d. h. bei Flynt vor allem: mathematischen Folgen (= Genüsse) konsequenter formalistischer Begriffskunst noch die transformative rituelle Wirkung kollektiver ästhetischer Erfahrung zustande zu bringen vermag. Dass die von ihm gefundenen und geforderten Gegenmodelle ihrerseits einmal Institutionen herausbilden könnten, bedenkt er damals wohl kaum. Stattdessen stellt er sich mit seinen Freunden Tony Conrad und Jack Smith vor New Yorker Kunstinstitutionen und trägt Transparente mit der Aufschrift: »Demolish Serious Culture!«

In Flynts Interventionen zeigt sich früh und eindrücklich, dass auch die Hochkultur angesichts des im ersten Teil geschilderten Aufkommens technisch-medialer Realitätseffekte auf Dauer nicht darum herumkommt, mit diesem Material zu arbeiten. Wie in der Massen- bzw. frühen Popkultur vollzieht sich der Umbruch auch hier um 1960, plus/minus fünf Jahre. Und er artikuliert sich keineswegs nur in antagonisierenden Anarcho-Kommunisten wie Henry Flynt, sondern auch durch Leute wie Asger Jorn, Guy Debord, Oswald Wiener, Yayoi Kusama, Stewart Brand, Andy Warhol, Tony Conrad, John Cage, Yoko Ono und viele andere. Ihnen gemeinsam ist ein forschendes, aber eher prä-strategisches Verhältnis zu Kategorien des Gebrauchs und der Verursachung: eine Ästhetik massiver Wirkungen und Verunsicherungen, die aber nicht auf ganz bestimmte Ziele oder Wirkungen ausgerichtet war – oder überhaupt sein konnte.

Traumhäuser

Im Sommer 2015 hat in der New Yorker Dia Art Foundation ein in unserem Zusammenhang erwähnenswertes Traumhaus eröffnet, oder besser gesagt: wiedereröffnet – nämlich die Klanginstallation *Dream House* von La Monte Young, welche über die Jahre mehrfach auch in Österreich und Deutschland präsentiert wurde. Sie führt uns zu einem Streit um das Wort »Traum« am Beginn der 1960er Jahre (für dessen Rekonstruktion wir auf den jahrhundertelangen Debattenvorlauf bis hin zur Doppeldeutigkeit des spanischen »sueño« in Goyas Bildunterschrift vom »Traum von« – oder doch »Schlaf der«? – »Vernunft« hier nicht näher eingehen können). Als Tony Conrad, Angus MacLise, John Cale, La Monte Young und Marian Zazeela kurz nach 1960 damit beginnen, gemeinsam ihre mehrstündigen Drones zu spielen, geschieht dies unter der Prämisse, dass die Klänge, die sie produzieren, ›den Körper nicht verlassen sollen‹ – was sich dahingehend präzisieren lässt, dass der musikalische Vollzug nicht länger in ein Nacheinander von Absicht, Ausführung und Resultat zerfallen, sondern zum in sich geschlossenen Kreislauf synthetisiert sein soll. Ästhetisch ergibt sich daraus dreierlei: erstens – in der schieren Beschränkung auf einen Akkord oder Intervall, teils über mehrere Stunden – eine Reduktion, wie sie im später entstandenen Begriff des »Minimalismus« kodifiziert erscheint; zweitens aber auch ein Maximum an Durchdringung von Kunstwerk, Künstler und Publikum; sowie – nicht zuletzt – auch eine Basis für äußerst nüchterne konzeptuelle Werke im Sinne Henry Flynts, etwa La Monte Youngs vielzitiertes, auch zur Komposition erklärtes »Wordpiece« *To Be Held For A Very Long Time*. Oder auch das von

Tony Conrad, das erst *nach* seiner Realisation bestimmt werden kann und dem Performer, während es performt wird, nicht bekannt ist.[35]

Auf diesen epochalen Moment einer – wie es damals schien – maximal folgenreichen, nämlich den aktiven Produzentenkörper zum passiven Resonanzraum transformierenden Kunstpraxis folgen gleichwohl widersprüchliche Interpretationen: Young deutet das Geschehen kulturell und religiös, findet Vorläufer und Vorbilder in indischen Gesangsschulen und öffnet sich für mystische Überhöhungen (etwa im Sufismus). Conrad dagegen begreift die Aussetzung des Produzenten/Rezipienten-Abstands radikal politisch, als Ausdruck eines aggressiven Willens zur Veränderung, der ihn und seinesgleichen um 1960 umtreibt. In der Rückschau schildert er es selber so: »Praktisch nirgendwo in den Schriften oder Lehrmeinungen zur Musik konnte man damals diese Intensität, diese Konzentration und bebende, verinnerlichte Gewalt wiederfinden, weder direkt noch indirekt. Wir konnten bloß spüren, wie es sich anbahnte, und uns in stürmischer Nähe [tempestuous proximity] zusammenschließen. Die konzeptuellen und minimalistischen Künstler_innen, die ich traf, glühten vor Angriffslust, waren hysterisch arrogant oder auf undurchschaubare Art lustig. Aller Verschiedenheit zum Trotz gab es in den Arbeiten von Walter De Maria, Henry Flynt, Carolee Schneemann, George Maciunas, Nam June Paik, Andy Warhol, Jack Smith, Robert Ashley, Paul Sharits oder The Velvet Underground nichts Akademisches, ›Gefälliges‹ oder idyllisch Kontemplatives. Es waren transgressive,

35 »PIECE – THE INSTRUCTION FOR THIS PIECE MAY BE DETERMINED IN ANY MANNER; BUT IT MUST BE PERFORMED BEFORE THE PERFORMER(S) KNOW(S) OF THIS PIECE«, Partitur eines Wordpiece oder Wordscore von Tony Conrad aus dem Jahre 1961, zitiert nach Brandon W. Joseph, *Beyond the Dream Syndicate. Tony Conrad and the Arts after Cage*, New York: Zone Books 2008, S. 160.

gewalttätige, besessene, extreme, abgedrehte und/oder komische Arbeiten – nach Absicht und Wirkung gleichermaßen.«[36] Auch in der »stürmischen Nähe« der dronenden, die Töne kollektiv in ihren Körpern haltenden Musiker des Theatre of Eternal Music formt sich damals etwas Transgressives, nämlich ein spezifischer Umgang mit der Dichte von Übertragung und Index-Effekt, eine Art neue Kunst der Nähe – als gemeinschaftliches Übergreifen ohne Übergriffigkeit. Für den Einzelnen ist es zudem ein Exerzitium der Selbstdurchbohrung, der Perforation des eigenen Körpers, noch dazu mit einer Realität, die man selber erzeugt hat. Allerdings werden die anderen Anwesenden (strukturell wie bei den Baoulé) ja in gleicher Weise perforiert, so dass anstelle eines meditativen Solipsismus die Möglichkeit tritt, sich freiwillig – von der Subjektivität ratifiziert – als reiner Körper, Atemmaschine, mithin Objekt zu inszenieren und zu erfahren.

Charakteristischerweise bevorzugte La Monte Young für die Drone-Gruppe den Namen Theatre of Eternal Music, während Tony Conrad sie Dream Syndicate nannte. Für Conrad lag ihr Traum-Moment in einer latent politischen Aggressivität, die in der Aussetzung von musikalischer Mittelbarkeit zu sich fand. Anders als bei Marx, Freud oder Bloch ist das Träumen hierbei nicht primär von einem Traumobjekt (etwa einer Story, einem Wunsch oder einer Utopie) bestimmt, sondern dadurch, dass Produzent und Rezipient identisch sind. Wie Drone-Musik ist das Träumen als kulturelle Produktion maximal a-medial und individuell, so wie die wilden Spielfilme, die das Unbewusste uns allnächtlich zeigt und die wir wie die Produktionen Fremder bzw. einer uns gegenüberstehenden Welt wahrnehmen. Diesen Prozess kollektiv zu bündeln, versprach für Conrad ein Maximum an interaktiver so-

36 Tony Conrad, Liner Notes zu: *Early Minimalism* (CD-Box), Table Of The Elements, 1997.

zialer Dichte, das er später mit einem ›Urzustand‹ der attischen Demokratie vor Pythagoras in Verbindung bringen sollte. Für Young, der den Traum später noch oft in seinen Titeln führte (vgl. *The Dream of the Turtle* oder eben *Dream House*), wurde dieser dagegen zum Medium musiksakraler Transzendenz.

Conrads politische Utopie des Drone war um 1960 gleichwohl keineswegs der einzige Weg zur neuen Direktheit – einer radikalen Unmittelbarkeit, die sich paradoxerweise sowohl auf Verstärkung, Film und andere neue Medien als auch auf live anwesende Personen bezog, sofern diese nur (fast) alles andere taten, als Partituren zum Erklingen zu bringen oder Rollen zu mimen. Wenn Conrad etwa Leute wie Jack Smith, Andy Warhol und Carolee Schneemann in eine Reihe stellt, so wirkt das angesichts ihrer Unterschiede auf den ersten Blick fast disparat. Die schlagende Gemeinsamkeit besteht indes darin, dass sie alle das Interesse an medialer Unmittelbarkeit, Reiz, Stimulus, medialer Aggression sowie die Faszination für ungeschützt agierende Persönlichkeiten teilen, also für das, was später als Performance Art firmiert. Und alle reagieren sie damit auf die photo-/phonographische Realität des Indexikalen – entweder mehr auf deren medialer oder mehr auf deren personaler Seite.

Hinter dem Spiegel: Queer Theatre, Screen Tests, Free Persons

Um 1960 entstehen – hauptsächlich, aber nicht ausschließlich in New York – eine Reihe neuer künstlerischer Genres, in denen Personen ein drastisches, aggressives, aber auch ungeschütztes Auftreten an den Tag legen; Genres, die zudem durchweg große Affinität zu den damals neuen Medien aufweisen. Als Index-Künste operieren sie allesamt im Modus der medialen Direktübertragung einer Person und bauen dabei auf die für alle Medien- und Populärkünste gleichermaßen zentrale Kategorie des Effekts. Dessen besondere Wirkung rührt nicht zuletzt daher, dass er ›schneller‹ ist als ein zu dechiffrierendes Zeichen. Indem er jede artistische Konvention so gleichsam überholt, vermag er aus einer bestimmten individuellen Person *unverzüglich alles herauszuholen*, ohne dass diese dafür musizieren, sich ausdrücken oder fremde Rollen interpretieren können müsste. Vielmehr darf, ja muss sie dafür unbedingt so bleiben, ›wie sie ist‹. Alles, was es braucht, ist jemand, der erkennt, wer ›fabulous‹ ist – und eine Kamera, die diese Fabulousness technisch registriert.

Lebt Andy Warhols Medienkunst schon insgesamt primär davon, dass ein möglichst unbeeinflusster Apparat ein möglichst unbeeinflusstes (oder ohnehin unbeeinflussbares) Stück Realität aufzeichnet, so nehmen die (laut Catalogue raisonné der Warhol Foundation über 300) *Screen Tests*, die er zwischen 1963 und 1966 hergestellt hat, selbst hier noch einmal eine Sonderrolle ein. Stellen sie dem anti-subjektiven Realismus seiner Kamera doch die maximal subjektive Realie gegenüber: das menschliche Gesicht. Natürlich wissen die Gefilmten – anders als die Akteure von Conrads *PIECE* von 1961 – dabei vorderhand, dass sie im Grunde porträtiert werden, so wie bei schönen oder wichtigen Menschen schon seit jeher üblich. Da das Bild jedoch bewegt ist, können sie den Eindruck haben, sie hätten auf ihre Selbstdarstellung eine Macht, die man beim Porträtphoto so nicht hat. Denn dort wählen Photograph und Apparat aus einer Folge einzelne Bilder aus; hier dagegen strömt ein Bilderfluss, der in seinem Lauf beeinflusst werden könnte. Offenkundig weiß man in der Factory schon knapp zwei Jahrzehnte vor der begrifflichen Formulierung um das, was Roland Barthes in seiner indexikalistischen Photo-Ästhetik später als Punctum fassen wird – und lässt dieses Bewusstsein zwischen den Darsteller_innen vor und denen hinter der Bewegtbildkamera so oszillieren, dass es sichtbar wird.

Umgekehrt entsteht durch die Tatsache, dass indexikale Medieneffekte nach und nach als wünschenswerte, d. h. hier: künstlerische Absichten und industrielle Verwertung ermöglichende oder steigernde Mittel erkannt und verfügbar werden, auch ein neues Verhältnis zum Live-Auftritt. Teilen Darsteller und Publikum doch nun die (mehr oder weniger habitualisierte) Erfahrung, dass man die Eigenheiten einer Person im Medium völlig anders zuspitzen kann. Dies schließt vor allem die Lektion ein, dass das sichtbar Gewollte die Hauptquelle filmischer Peinlichkeit ist, weshalb im Gegenzug gerade die neubegehrten, nominell ungewollten Körperzustände wie Aggression, Überforderung oder Passion statt per Disziplin und Schauspielkunst am ehesten dadurch zu erwirken sind, dass man sie ›einfach geschehen‹, sich also im besten Sinne ›gehenlässt‹. Die Kamera als Spiegel wird zum Objekt der Epoche (so wie die Monitorbox in der Musik). Dabei sind es jedoch stets die Peers, Mitstreiterinnen, oft auch grausame Beobachter, die sie zum Brennspiegel verstärken.

Ein weiteres, dem Screen Test eng verwandtes Genre wird zeitgenössisch am genauesten von Stefan Brecht beschrieben. Brecht, der mit seinem berühmten Vater ins US-Exil gekommen war, trat seit den frühen 1960ern als Theaterkritiker, Schauspieler und Lyriker hervor und veröffentlichte in dieser Phase vor allem in der damaligen Underground- und Counterculture-Zeitschrift *The Village Voice*. In den 1970ern macht er sich dann daran, die New Yorker 1960er-Szene in einer auf Englisch erst im Suhrkamp Verlag, dann bei Routledge publizierten Buchreihe mit dem Obertitel *The Original Theatre of the City of New York* aufzuarbeiten, von deren zehn geplanten Bänden immerhin vier erschienen sind. Der für uns entscheidende heißt *Queer Theatre*[37] und han-

37 Stefan Brecht, *The Original Theatre of the City of New York. From the mid-60s to the mid-70s. Book 2. Queer Theatre*, Frankfurt/M.: Suhrkamp 1978.

delt von einem Theater, das drastisch sexuelle Orientierungen (»und zwar nicht von der netten Sorte, sondern Transvestiten, Lesben und die Leder-Motorrad-S&M-Typen«[38]) präsentiert und sich verkörpern lässt. Insbesondere wird dabei auch mit nicht mehr eindeutig rollengebundener Aggression und Gewalttätigkeit operiert, dazu mit einem sehr brachialen Humor, der schnell ins Bedrohliche umschlagen kann. All das macht Brecht vor allem an den Arbeiten des Theatre of the Ridiculous und seinen beiden Regisseuren John Vaccaro und Charles Ludlam fest, ferner auch an deren Stars – in vielen Fällen sind es dieselben wie in Warhols Universum. Daneben schildert Brecht mehrere Arbeiten von Jack Smith, darunter mehrtägige Performances, bei denen das Publikum quasi als Geisel genommen wurde, Konzerte der New York Dolls und Filme von John Waters. Auffällig oft agieren auch hier genau jene Personen, die schon in Warhols Screen Tests oder anderen frühen Filmen allein wegen ihrer photo- oder cinegenen Fabulousness gefeatured worden waren. Um die Wirkungen dieser Kunstform zu beschreiben, benutzt Brecht eine noch heute verbreitete, jedoch im Zusammenhang mit Index-Effekten entstandene Ansteckungs- und Infektionsmetapher, nämlich die der Syphilis: »Man unterscheidet drei Stufen der Krankheit, primäre, sekundäre und tertiäre Wirkungen: Die ersten trifft man als Schanker am betroffenen Areal an, die zweiten an Haut und Schleimhaut, die dritten treffen Knochen, Muskeln und Gehirn.«[39] Eben um jene letzteren geht es bei den vorgestellten Theater-/Lebenskollektiven.

Deren Mitglieder haben von und in Warhol-Filmen und Jack-Smith-Inszenierungen gelernt, dass und wie der Akt, sich über Posen zum Objekt zu machen, soziale Energien freisetzen und auf direkte, eben ansteckende Art verbreiten kann.

38 Ebd., S. 28.
39 Ebd., S. 5.

Entsprechend dezidiert muss Brecht erklären, dass es bei diesen Darbietungen nicht etwa um die Brillanz der Textvorlagen oder um Situationskomik geht, nicht einmal primär um sexuelle Dissidenz (wenngleich diese das beständige Thema der Ennui-durchwirkten Skripte von Ronald Tavel und anderen Autoren des Ridiculous Theatre bildet). Der entscheidende Punkt liegt allein in der brillant anarchischen Aggression per se – einer Aggression, die man nur den Personen selbst zurechnen kann, die da in aller Körperdrastik auf der Bühne stehen und neuartige Wirkungen entfalten.

Zur Erklärung dient Brecht eine einfache Dichotomie: auf der einen Seite die »free person«, auf der anderen der »authoritarian phony«. Von heute aus wirkt das zunächst nur wie der klassische Antagonismus der 60er-Jahre-Kulturrevolution, ist aber mehr: Denn was Brecht an den Akteuren des Theatre of the Ridiculous exemplifiziert, ist ein neuer künstlerischer Charakter, der die Aufwertung der reinen Persönlichkeit und das Spiel mit der eigenen Präsenz, wie sie in Warhols Screen Tests und anderen Index-basierten Praktiken vor(auf)gezeichnet sind, von den technischen Medien trennt und ins Theater einspeist. Damit fängt Brechts detaillierte Schilderung jenen Moment ein, den ich als den Beginn nicht nur des Genres der Performance Art, sondern auch jenes übergreifenden Performance-Paradigmas sehen würde, das von der Rockkultur der späten 1950er und frühen 1960er bis zur aktuellen Verehrung für sogenannte YouTube-Stars reicht.

Im Zusammenhang mit dem 1964 gegründeten Ridiculous Theatre führt Brecht dies näher aus: »Die f. P. [freie Person] ist erotisch, selbstbestimmt, spielerisch und erfindungsreich. Ihre erotischen und selbstbestimmten sozialen Neigungen tragen [...] zu ihrer natürlichen Neigung bei, sich stets auf andere zu beziehen, geistig und körperlich – und so zur Person zu werden. Ihre persönliche Identität entsteht, indem sie sich anderen aufdrängt; sie existiert nicht vorgängig im

Privaten. Auch ihre erotischen Neigungen mischen sich mit derjenigen, anderen die eigene Persönlichkeit nahezubringen, so dass ihr Ziel nicht darin bestehen kann, bloß zu ficken und/oder zu töten, sondern vielmehr darin, Familien zu gründen – irgendwie dauerhafte Gruppen, die von erotischen und Machtbeziehungen strukturiert sind; sei es als offener Kampf, sei es als vorübergehend stabile Lage zwischen den anwesenden Personen. Die Welt der f.P. wird so zum universellen, erotischen, imperialistischen Krieg mit dem Ziel, die anderen zu bewegen, zu durchdringen und zu dominieren. Außermenschliche Natur und Ökonomie sind hier bloß Hintergrund. Diese Schlacht ist ein Spiel. Denn die f.P. fühlt sich zu allen Zeiten (selbst wenn sie sich unterwirft) frei, spontan und kreativ. [...] Ihre Seele ist, was sie gerade daraus macht. [...] Ihre Persönlichkeit funktioniert wie die Rolle, die ein Kind in einem Spiel einnimmt. [...] Die f.P. hat keine Werte. Maßstäbe und Verhaltensregeln werden durch frei erstellte Spielregeln in frei gewählten Familien ersetzt – und haben keine objektive Gültigkeit. [...] Kein Handlungstyp kann daher mehr Vernunft für sich beanspruchen als irgendein anderer, auch wenn der eine eher als der andere dazu führen kann, [...] dass man erotische und Ego-Belohnungen bekommt. [...] Der autoritäre Trottel [»authoritarian phony«] dagegen nimmt die Dinge ernst, er gibt dem Leben eine Bedeutung, orientiert sich an Werten und Leistungen (ist also ängstlich und zwanghaft). Im Konformismus und selbst in der Rebellion gelten ihm Verhaltensvorschriften als objektiv gültig. [...] Dementsprechend beurteilt er sich und andere nicht nach persönlichen Kriterien, sondern danach, was einem zu tun obläge. Da seine Werte und seine Vernunft aber genauso beliebig sind wie die Selbst-Dramatisierung der f.P., schaffen seine Urteile und seine Ordnung auch bloß Chaos. Dieser prätentiöse Verrückte hat bis jetzt die menschliche Familie regiert. Das Theatre of the Ridiculous wird dagegen von einer Familie oder mehreren aus annähernd freien Personen produziert – als Teil ihres Familienlebens.«[40]

Die hier beschriebene Familie ist eine ähnliche Gruppe wie die, die ein paar Blocks weiter in Lower Manhattan siebenstündige Drones hervorbringt. Beide entwickeln sie Kunstformen, die auf einem gewaltsamen Einschluss des Publikums (oder einfach anderer Anwesender) in die Produktion basieren. Und bei beiden muss man davon ausgehen, dass die Beteiligten ihre Selbsterfahrungen vor allem mit Ton- und Bildaufzeichnungen gemacht haben, sei es in Screen Tests, in Rock- und Kunsthochschulstudios oder sei es auch nur in der medieninduzierten Imagination, wie bestimmte Stars zu sein, die sie gesehen haben und mit deren Attraktion sie es doch allemal aufnehmen könnten. Fast alle haben sowohl in Undergroundfilmen gespielt wie auch an musikbezogenen Happenings mitgewirkt. Was sie sämtlich gleichermaßen beeindruckt und geprägt hat, ist die technische Aufzeichnung von Einmaligkeit sowie die daraus resultierende Möglichkeit, sowohl den technisch-medialen Effekt als auch die technisch objektivierte Einmaligkeit der eigenen Person neu ansehen und bearbeiten zu können. Wer utopisch davon ausgeht, im Supermarkt der Zukunft – wie von Allen Ginsberg schon 1956 als politisches Ziel der freien Person avisiert – allein mit seinem guten Aussehen alles Nötige beziehen zu können (»When can I go into the supermarket and buy what I need with my good looks?«[41]), den muss die Dokumentation und Modifikation seiner Lebendigkeit zentral interessieren. Sein Ich, das sich im objektiven Medienspiegel selbst erblickt hat, ist von seiner verführerischen Wirkung heftig stimuliert – umso mehr, als diese sich ja diesseits aller Intention (etwa auch

40 Ebd., S. 30f.

41 Allen Ginsberg, »America«, in: ders., *Das Geheul und andere Gedichte/Howl and other poems*, Wiesbaden und München: Limes 1979, unpag.

der, gut auszusehen) entfaltet. Der Narzissmus der free person erfährt dadurch eine Bestätigung, die sie ermutigt, ja berechtigt, den Spiegel zu durchstoßen, um andere zu erreichen – und dabei anarchistisch auf jede andere Legitimation zu verzichten als die eigene Unwiderstehlichkeit. Statt zum reflexiven Subjekt erhebt ihre Präsenz sie zur »sexy person«, die Andere per Übergriff verführt, angreift, prüft und gegebenenfalls als Familienmitglied akquiriert. Seit diese sexy person sich selber als Voyeur – d. h. im unbeobachteten Moment – gesehen hat, können wir uns vor ihrem gewinnenden Auftreten in der alsbald entstandenen Interzone von individueller Befreiung, neuer subkultureller Sozialität und medialer Legitimität nicht mehr erretten: »I met myself in a dream / and I just want to tell you / everything was right / I'm beginning to see the light.« (Lou Reed / The Velvet Underground, *Beginning to See the Light*). Der mediale Spiegel, der ihr erst die Erkenntnis der eigenen Schönheit in unbeobachteten Momenten geschenkt hat, lässt sich nun durch die Welt selbst oder ein einbezogenes Publikum ersetzen. »The mirror of the world makes you pretty«, wie es der zu Unrecht vergessene Mark Beer einmal formulierte.[42]

Stefan Brechts free person weiß also nicht nur, dass es im Spiegel eine Person zu sehen gibt, die einer Photographie oder einem Filmstill ähnlich sieht, sondern sie fühlt sich davon auch außermedial ermächtigt, das soziale Leben als ein nur von erotischen und freundschaftlichen Erfolgen und deren Widersachern bestimmtes Spiel zu verstehen. Anfangs muss dies noch durch Kunstformate wie Theater oder Warhols Factory gerahmt sein. Bald aber bestimmt es das soziale Leben der wachsenden Gegenkultur überhaupt. Dabei ist es zunächst vor allem ein *männliches* Befreiungsprogramm, ein Vorstoß von homo- wie auch heterosexuellen Männern, die schon bald neue Familien bilden oder rekrutieren: in

42 Mark Beer, *Pretty*, Rough Trade Records, 7", 1982.

der Factory ebenso wie bald darauf in der Kommune 1, in den legendären Kommunen von Drop City[43] und rund um San Francisco ebenso wie in den Sekten und Zirkeln durchweg männlicher Gurus von Ken Kesey[44] bis Charles Manson,[45] Mel Lyman[46] bis Timothy Leary, aber auch von Otto Muehl bis Klaus Kinski – also durchaus bis in jene Mentalitätszone hinein, wo man heute vor allem an Kindesmissbrauch denkt. Und bis heute verdanken wir den free persons eine Kunst und Kultur des Übergriffs,[47] des fortgesetzten Durchbrechens Vierter Wände und anderer Kunstraumgrenzen, inklusive Stage Diving, Publikumsbeschimpfung und all die anderen Dinge, die Klaus Hoffmann 1972 schon *Realkunst* nannte.[48] Die »tempestuous proximity« verändert sich, ja explodiert, wenn Männer freie Familien gründen.

43 »Their goal was to build a completely open, anarchistic society – a place to reinvent oneself. Initially the Drop City group had been influenced by the multimedia happenings of the New York avantgarde, in particular the work of Allan Kaprow. ›We really saw ourselves as artists and Drop City as an ongoing work of art‹.« – sagt Clark Richard, zit. n. Alastair Gordon, *Spaced Out. Crash Pads, Hippie Communes, Infinity Machines, and other Radical Environments of the Psychedelic Sixties*, New York: Rizzoli 2008, S. 151.

44 Vgl. Tom Wolfe, *The Electric Kool-Aid Acid Test*, New York: Farrar, Straus and Giroux 1968.

45 Vgl. Ed Sanders, *The Family. Die Geschichte von Charles Manson und seiner Strandbuggy-Streitmacht*, Reinbek bei Hamburg: Rowohlt 1973.

46 Vgl. Paul Mills, »An American Avatar: Mel Lyman«, online unter ‹www.trussel.com/lyman/ameravat.htm›, letzter Zugriff am 2.12.2016.

47 Für eine Theorie und Geschichte des Übergriffs in der aktuellen Situation siehe Tom Holert, *Übergriffe. Zustände und Zuständigkeiten der Gegenwartskunst*, Hamburg: Philo Fine Arts 2014.

48 Vgl. Klaus Hoffmann, *Kunst im Kopf. Aspekte der Realkunst*, Köln: DuMont 1972.

»I could sleep for a thousand years« – Duration und kollektive Passivitätsakte

Zur Entgrenzung des Alltagsverhaltens in Richtung auf eine Art erotisch-anarchistisches Hordentum (Ridiculous Theatre, utopische Kommunen) sowie zum Streben nach einer durch mediale Objektivierungen hindurchgegangenen Direktheit und nach körperunmittelbaren Wirkungen (Drone, Sex, Aggression) tritt als drittes Revolutionsmoment noch eine neue Zeitökonomie.

Auffällig wird diese zunächst dort, wo es für das Tempo fixe Konventionen gibt – also vor allem in der Musik. Folgerichtig weichen auch Flynts zuvor erwähnte Gegenmodelle fast alle stark vom gewohnten Zeitregime westlicher komponierter Musik ab. Doch auch die beiden Richtungen des Experimentalfilms, die abstrakt strukturalistische Richtung und der mit Darstellerpräsenz arbeitende Undergroundfilm, sowie der experimentelle Spielfilm probieren vermehrt neue Geschwindigkeiten aus. Allerdings basieren die sogenannten strukturalistischen Experimentalfilme dabei eher auf Rhythmen und Zyklen – also klassisch musikalischen Formaten. Die Aussetzung und Unterminierung der inzwischen etablierten Normzeit des Erzählkinos erfolgt so weniger vom Experimentalfilm her, sondern eher vom pornographischen oder, wie ich ihn für damals eher nennen würde: Orgienfilm. Letzterer wird, wie schon manches Format, von dem hier die Rede war, zeitgleich von den lowesten Klitschen der Kulturindustrie und vom kommerziell unabhängigen Undergroundfilm entwickelt. Entscheidende Vorläufer sind hier auf der Undergroundseite *Flaming Creatures* von Jack Smith oder *Christmas On Earth* von Barbara Rubin, beide aus demselben Milieu wie das Ridiculous Theatre und die Drone-Experimente von La Monte Young (Tony Conrad organisierte die Musik für *Flaming Creatures*; Barbara Rubin machte Ende 1965 Ronald Tavel und Andy Warhol mit den Velvet Underground bekannt). Zugleich gab es aber seit den 1950ern auch schon von low-kulturindustrieller Seite Entwicklungen wie die Nudie-Filme sowie eine frühe Sexphoto- und -filmchen-Industrie (von der uns als Heldin heute Betty Page geblieben ist). Bei allen sonstigen Unterschieden haben die Produkte dieser beiden Sphären jedoch eins gemeinsam: Sie gehen anders mit erzählter Zeit um als der narrative Spielfilm.

Zwar haben queere Orgien- und kulturindustrielle Pornofilme gemäß ihrer verschiedenen Verlaufsformen durchaus abweichende Zeitökonomien.[49] Doch treffen sich die Porno-Konsumenten und der New Yorker Underground – so wie auch andere hier vorgestellte Indexikalisten – grundsätzlich darin, dass sie an einem Realismus interessiert sind, der die Narration durchbricht. Plot-Sequenzen wollen sie allenfalls als Spiel, in das sie sich hineinversetzen können; doch nicht als geschlossene Fiktion, sondern nur als Folie zur Steigerung der eigentlich zentralen, den masturbatorischen Traum fundierenden Realitätseffekte. Dem entspricht der Wunsch nach einem Höchstmaß an indexikalem Realismus der Darsteller bei einem Mindestmaß an Einbettung auf ikonischer und narrativer Ebene. Ich muss mich da in meiner Zeit hineinträumen können. Deutlichkeit, Konturiertheit und Ausleuchtung sind meist gewünscht, vor allem aber eben auch genügend ›Zeit zum Träumen‹, Traumzeit. In einem biographischen Dokumentarfilm erklärt John Cale dem Autor Victor Bockris, dass die Bezeichnung der Drones als »Dream Music« La Monte Young und ihm in einer Kneipe eingefallen sei, als die Jukebox gerade den Song *All I Ever Do Is Dream* von den Everly Brothers spielte – wobei die schwebende, nicht vergehende

49 Zur heutigen, grundsätzlicheren Diskussion um eine queere Politik (und Ästhetik) von Zeit und Dauer vgl. Renate Lorenz (Hg.), *Not Now! Now !. Chronopolitics, Art & Research*, Berlin und New York: Sternberg Press 2014.

Zeit der darbend träumenden Brüder laut Cale eindeutig die melancholischen Freuden der Masturbation in einer sexuell repressiven Epoche ausgedrückt habe. Analog zu Tony Conrads Devise, sich zugleich innerhalb und außerhalb des Klanges aufzuhalten, ist solch träumende Nähe zu sich selbst eine durchaus naheliegende Inspiration für das Programm der Drone-Musik.

Die Verbindung von Unmittelbarkeit, Masturbation, Traum und Passivität-als-Aktivität ist zentral für die künstlerische und lebenspraktische Neuentdeckung von Sexualität in einer vorwiegend queeren, hauptsächlich New Yorker Szene-Avantgarde, bevor in den späten 1960er Jahren daraus die sogenannte sexuelle Revolution des Mainstreams wird, deren Metaphorik dann eher der aktionistischen Topik dessen folgte, was Tom Wolfe die »Dampfkesseltheorie der Sexualität« nannte. Hier war aber das Neue weniger die Enttabuisierung, sondern vielmehr das Geschehenlassen – mal als Primat des Verursachtwerdens vor der Verursachung, mal gar als deren Ununterscheidbarwerden in Urszenen neuer Gemeinschaftlichkeit. Leo Bersani hat unlängst darauf hingewiesen, dass in der überwiegend schwulen New Yorker Nachkriegsszene eigentlich alles damit losgegangen sei, dass Jean Genet in einem fernen französischen Gefängnis »die Figuren seines großen Romans *Notre Dame des Fleurs* in die Existenz hineinmasturbiert«[50] habe. Auch Genet hat sich vor jedem kommunikativen Schreibakt erst ein Kopfkino konstruiert, in dem er die solipsistische Einheit von Künstler und Rezipient lebte. Dass diese Einheit nicht nach heterosexueller Schließung, sondern eher nach Multiplikation und Serialisierung der Ereignisse – also gewissermaßen nach gemeinsamem Musizieren/Masturbieren – verlangt, ist die un-

50 Leo Bersani, »Illegitimacy«, in: Mario Kuzma/Pablo Lafuente/Peter Osborne (Hg.), *The State of Things*, Oslo und London: Office for Contemporary Art/Koenigbooks 2012, S. 41.

ausgesprochene Maxime hinter dem Bedürfnis vieler queerer Texte und Artefakte der 1950er und 1960er, in denen es weniger darum geht, welche Kunst man machen, als vielmehr darum, welche Erfahrungen man miteinander teilen könnte – etwa als passives, aber kollektives Sich-Hineinziehen von fetischtauglichem kulturindustriellem Schrott im Camp.[51]

Natürlich spielt hier auch die Traumästhetik des queeren New Yorker Surrealismus der 1940er und 50er mit hinein, wie ihn Charles Henri Ford, Parker Tyler, Joseph Cornell, Florine Stettheimer und andere dem hegemonialen High Modernism der New York School in Undergroundfilm, bildender Kunst und Poesie entgegensetzten. Dennoch begegnet uns die laterale, teils auch am Jazz orientierte Gemeinschaftlichkeit kollektiver Traumproduktionen nicht nur in der Queer-Szene. Sexualität wird insgesamt zum Gegenstand der künstlerischen Forschung, zumal sie davor ja nicht nur moralisch, sondern durch das herrschende Dogma der Medienangemessenheit auch formalkünstlerisch tabuisiert ist. Dem kann nun durch eine fast schon aggressiv naive Ignoranz gegenüber dem Kunstproblem der Medialität begegnet werden, eine ostentative Unbekümmertheit, die sich im hingebungsvollen Konsum der hier beschriebenen Effekte auslebt – immer mit gravierenden Folgen für die Zeitauffassung: im Herauslösen der campy Indexeffekt-Momente aus dem Kontinuum der Narration ebenso wie in der Endlosig-

51 Dass es sich bei dieser frühen queeren Gemeinschaftlichkeit nicht um ein pazifistisches Hippieparadies handelte, bringt ihr Historiker Douglas Crimp in seiner Warhol-Studie *Our Kind of Movies* durch zwei Kapitelüberschriften präzise zum Ausdruck: »Coming Together to Stay Apart« und »Misfitting Together«. Die Pointe der Gemeinschaftlichkeit liegt gerade auch in der Erfahrung der anderen als Antagonisten, in Reibung, Peinlichkeit und Schutzlosigkeit. Vgl. Douglas Crimp, *Our Kind of Movies*, Cambridge (MA): The MIT Press 2012.

keit gemeinschaftlicher Passivitätsakte bei Drone- und Minimal- oder immersiv-meditativen Free-Jazz-Sessions.

Das neue Primat der Dauer über Ablauf und Entwicklung zeigt sich im Lower-Manhattan-Underground an allen Fronten: von den konzeptuellen Word Pieces, die keine Ausdehnung in der Zeit haben oder sich ex post auf schon vollzogene Aktionen richten, über jedes klassische Theatermaß sprengende Dauerperformances bis hin zu neuen Genres wie den heute so genannten Duration Pieces. So organisiert John Cage 1963 etwa die weltweit erste Aufführung der *Vexations* von Erik Satie, eines achtzehnstündigen Klavierstücks aus über achthundert Wiederholungen. Einer der zehn ausführenden Pianisten ist John Cale. Schon 1961 hat Jackson Mac Low den knapp vierundzwanzigstündigen Film *Tree* gedreht, der eben einen solchen zeigt. Warhols *Empire State* folgt kurz darauf. Zeitgleich zieht ein Minimal-Kollege von La Monte Young namens Terry Riley durch die Colleges und spielt dort siebenstündige improvisierte Konzerte an elektronischen Keyboards. Und auch eine Rockband wie The Grateful Dead macht es ab 1965 selten unter fünf Stunden.

Sicher ist es sinnvoll, dabei zwischen solchen Formaten zu unterscheiden, welche die Zeit (wie von den begleitenden psychedelischen Drogen ohnehin befördert) transzendieren oder schlicht vergessen machen wollen, und solchen, wo es im Gegenteil gerade darum geht, die Dauer zu erleben, ja zu erleiden und zu erdulden – und zwar nicht als Langeweile, sondern als fortwährenden, latent masochistischen Entzug einer stets zu erhoffenden Entlassung, Befreiung, Lockerung. Allerdings bleiben beide Seiten dabei von der Narration einer Fiktion samt Aufbau und Entwicklung gleichermaßen weit entfernt wie von klassisch-moderner Form-Architektonik einschließlich Serien- oder Reihenbildung. Gemeinsam ist allen betreffenden Formaten – ob Porno- oder Orgienfilm, *Empire State* oder *Vexations* – jedoch, dass sie Prozesse als Objekt erfahrbar machen wollen, entweder indem diese gewissermaßen stillgestellt und dadurch wie eine Skulptur umschreitbar gemacht werden, oder indem man sich ihrer gnadenlosen Dauer ausliefert bzw. anschmiegt, also duldsam, still und letztlich selber zum Objekt wird.

In den berühmt-berüchtigten Screen Tests #2 und #3 agiert hinter der Kamera jemand (nämlich der schon erwähnte Ronald Tavel), der es darauf anlegt, die vor der Kamera fixierte Person zu beschämen. Dieser frühe techno-voyeuristische Sadismus, der im ersten Fall mit der sexuellen Identität, im zweiten mit einer suizidalen Neigung des Gefilmten sein Spiel treibt, setzt auf den Zwang des vermeintlich Getesteten zum Stillhalten und Dulden und erhält seine Spezifik aus der Tatsache, dass alle Beteiligten wissen, dass hier gerade aufgezeichnet wird. Von Anfang an hängt das große Interesse an sadistischen und masochistischen Szenen im Warhol-Kosmos, der sprunghafte Wechsel zwischen Verführen und Demütigen, unmittelbar an der neuen medialen Verfügbarkeit von billigen Devices – um aufzuzeichnen, was nur irgend geht. Und auch die neu entstehende Performance Art lebt – als Kunst des rollenlosen Künstler-Live-Acts – so sehr von der Option zur audiovisuellen Dokumentation, dass ihre Form davon selbst dort bestimmt bleibt, wo solche faktisch gar nicht stattfindet. Parallel dazu beginnt das Zeitalter des Live-Doppelalbums, das nicht nur dazu dient, immer ausgedehntere Versionen der Drei-Minuten-Einheit Pop-Song zu verkaufen, sondern vor allem dazu, Unwillkürliches zu transportieren und zu markieren, seien es Fehler und Entgleisungen, schüchternes Lachen bei der Conferènce, (beiderseitige) Publikumswirkungen und nicht zuletzt die weder psychisch noch akustisch je bewusst zu (re)produzierende sogenannte Atmo. Im Ganzen verhilft die zunehmende Recordability der Welt so nicht nur der körperlich präsenten Person zur Durchsetzung, sondern entfesselt und dereguliert dabei zugleich sämtliche künstlerischen oder kulturindustriellen Einheiten von Dauer.

In der Band Velvet Underground laufen viele der bislang behandelten Motive von New York um 1960 zusammen. Sie operiert in wesentlichen Perioden in und als Teil von Andy Warhols Factory; John Cale – zuvor Mitstreiter von La Monte Young und Tony Conrad – spielt Drone-Viola; und Lou Reed schreibt Songtexte, in denen eine aggressive free person sich austobt. Nicht selten handeln diese Lyrics von Sadismus und Masochismus, wobei einer der berühmtesten Songs umstandslos Szenen aus Sacher-Masochs einschlägigem Roman *Venus im Pelz* paraphrasiert. Hier fallen, im Jahr 1965, auch die denkwürdigen Worte: »I am tired / I am weary / I could sleep for a thousand years« – fast so, als erkläre Severin, der Sklave aus Sacher-Masochs Text, fünf Jahre nachdem die Drone-Viola erstmalig erklang, von was für Zuständen diese Töne tatsächlich handelten, wie lang der Traum gedauert hat (1000 Jahre) und welche Geschichte im sadomasochistischen Skript re-enacted wurde.

Doch Lou Reeds Poesie ist eben keine bloße Stillstellung des tausendjährigen Schlafens auf der Ebene von Erklärung und Erzählung, sondern gehört zugleich zu einem eigenen Genre von Aggressions- und f. p.-Kultur, nämlich einer abermals recht neuen (und in einem Stück wie *Sister Ray* noch deutlicheren) Rhetorik des Übergriffs, als deren Beginn man die supersarkastische Stand-up-Comedy von Lenny Bruce oder die elegant-aggressiven Reden radikaler afroamerikanischer Aktivisten wie Stokely Carmichael oder H. Rap Brown ausmachen kann. Und obwohl Sprechen, Agitieren, Beleidigen und Persiflieren als Kulturtechniken im Prinzip nicht auf neue Medien angewiesen sind, verändern doch auch sie sich unter denselben Bedingungen, denen wir den Durchbruch der free persons und der Performance Art ebenso verdanken wie alle neuen Duldungs- und Zeitverlust-Ästhetiken.[52]

52 Der unfreiwillig auch für die HipHop-Forschung einschlägig gewor-

Schon das Method Acting, das uns in den 1950er Jahren Schauspielerstars beschert hat, die im Gegensatz zu den patenten Jungs und Mädels oder gloriosen Diven der Vorkriegszeit nicht mehr perfekt, dafür aber beispiellos erotisch und bedrohlich wirken, ist ohne Film weitgehend witzlos. Im Film dagegen schweißt es die Indexikalität an die Expression, macht sie in ungünstigen Fällen unsichtbar und initiiert dabei mittels der Überdeckung von Präsenz durch Interpretationsangebote aus maskulinistischen Ausdruckstraditionen paradoxerweise einen zweiten Zyklus von Abdämpfung der Körperübertragung. So popularisiert und standardisiert es die free person vorderhand zum charismatisch übergriffigen, heterosexuellen Befreiungsmann, wie Marlon Brando ihn idealtypisch verkörpert hat. Indem das Method Acting so einerseits eine männlich-aggressive Abwehr gegen die subversiven Anteile des Indexikalitätseffektes etabliert, diesen aber zugleich stabilisiert, stiftet es an der Spitze von Gegenkultur und neuer Linker eine ganze Individuen-Armee aus aggressiv-selbstbewussten, pseudo-souveränen f. p.-Rockern, mit einschlägigen Konsequenzen. Nicht umsonst sind die späteren, von Brecht beschriebenen f. p.s auch schon partiell gegen diese Version angetreten – zumal durch die Verabschiedung von der männlichen Heterosexualität.

Gewalt wird zum Thema, Sex zum Bild

Wie eingangs schon erwähnt, geht es mir bei dieser Rekonstruktion einer Medienästhetik des Index nicht nur um eine historische Kartographierung dieser vor mehr als fünfzig

dene jesuitische Linguist Walter J. Ong nennt die auf Erfahrungen mit einer von Aufzeichnungsmedien bestimmten Lebenswelt basierenden Rhetoriken »secondary oral culture«. Vgl. Ong, *Oralität und Literarität*.

Jahren beginnenden Genealogie, sondern auch darum, wie markante Gegenwartsphänomene sich retrospektiv auf sie beziehen lassen. So wären etwa der seit Jahren virulente Sonic Turn, dem wir klangkünstlerische Genres wie Dark Ambient, Noise, Sound Art oder weitflächige Black-Metal-Spielarten zu verdanken haben, an die mit dem Theatre of Eternal Music eingeleitete Entwicklung anzubinden. Mit der dokumentarischen Wende in Film und Bewegtbild-Installation, der Entdeckung extremer Dauer im Theater und der virtuosen Übergriffigkeit aktueller Performance Art wären darüber hinaus noch derart viele heute relevante künstlerische Felder auf ihren gemeinsamen Ursprung in einer einzigen medienhistorischen Ursache zurückzubeziehen, dass es fast schon zu monokausal stimmig anmutet – und tatsächlich spielen auch viele andere, allerdings durchweg schon breit beschriebene Faktoren eine Rolle: etwa die Aufwertung vormals unbefugter Stimmen durch die Bürgerrechtsbewegung, die Einbindung größerer Schichten in die Massenkultur durch den fordistischen Konsumschub, die gesteigerte Wahrnehmung des nichteuropäischen, speziell afrikanischen Anteils an der Weltkultur nach der Dekolonialisierung, die Konjunktur von Befreiungsnarrativen sowie biopolitische Faktoren wie Pille, Babyboom etc. Dennoch wurde bislang ausgerechnet das Offensichtlichste am wenigsten gesehen und beschrieben, nämlich die Funktion und Entwicklung der übergriffigen Gewalt und Sexualität, so wie wir sie in der New Yorker Undergroundkultur an ihrem Ursprungsort besichtigt haben.

1964 wurde Jack Smith für seinen Film *Flaming Creatures* noch heftig verfolgt. Vorführungen wurden verhindert, Kopien beschlagnahmt. Nur zehn Jahre später dagegen wundert sich Hubert Fichte im Gespräch mit der Warhol nahestehenden Künstlerin Lil Picard schon, wie es denn sein könne, dass in einem derart puritanischen Land wie den USA derart viele Menschen derart harte Pornofilme konsumierten.[53] In seinem Buch über die Gewaltakte »lachender Täter« wie Anders Breivik oder die IS-Henker verortet Klaus Theweleit den Beginn einer neuen Qualität von Gewaltdarstellung innerhalb des Mainstreams im Jahr 1969.[54] Ausschlaggebend ist dafür nicht etwa die physische Drastik, sondern die veränderte Einbettung in die traditionelle Narration des Hollywoodfilms. So liegt die neue Qualität in Sergio Leones hier einschlägigem Italowestern-Klassiker *Once Upon A Time In the West* (deutscher Verleihtitel: *Spiel mir das Lied vom Tod*) nicht etwa in dem, was der sadistische Avatar dort sichtbar tut, sondern darin, dass dieser Böse in der Verkörperung durch Henry Fonda auftritt, dass es also ausgerechnet das hollywoodgeschichtlich über viele einschlägige Filme und Rollen (vom Volksvertreter in John Fords *Grapes of Wrath* bis zum humanistischen Todesstrafen-Skeptiker in Sidney Lumets *12 Angry Men*) akkumulierte Gesicht des Guten ist, das hier lachend foltert und mordet. Das indexikale Bild wird so als echtes lesbar – und diese Möglichkeit durch Steigerung gegen Gewöhnungseffekte verteidigt, ohne dass die ethischen und ästhetischen Register der Narration sich ansonsten ändern würden. Brutalität und Grausamkeit bekommen dadurch ein kommensurables, ja normales Gesicht und dringen damit ins Alltägliche. Der Übergriff, das aus der gefestigten, eindeutig definierten Subjektivität ausscherende Moment, bedeutet fortan nicht mehr ein Heraustreten aus dem Rahmen der Kunst, sondern fügt sich zum Bild der Gewalt, das nun an die Stelle des medial-übergriffigen Effekts tritt. Oder ihn verlängert, aufgreift und seiner unsinnlichen, nichtrepräsentierbaren Aktualität das bildliche oder klangliche Material nachreicht, das ihn einer-

53 Hubert Fichte, *Die Geschichte der Empfindlichkeit. Paraleipomena: Lil's Book*, Frankfurt/M.: S. Fischer 1991, S. 50.

54 Klaus Theweleit, *Das Lachen der Täter: Breivik u. a. Psychogramm der Tötungslust*, St. Pölten, Salzburg und Wien: Residenz 2015, S. 5-9.

seits vertreten, verständlich machen, stabilisieren, ihn andererseits aber auch suggerieren, seine Erinnerung abrufen kann – selbst wenn er gar nicht stattfindet.

Seit diesem Bruch, d. h. seit der Zusammenführung der Gewalt des Index mit neuen Bildern und Erzählungen von Gewalt, hat die Aggression der Künste in jede Richtung massiv zugenommen – vielleicht nicht ganz unabhängig davon, inwieweit das an ihrem Bild und mit ihren Mitteln entstandene gesellschaftliche Handeln an Wirkmächtigkeit verloren hat. Dass etwa die Musik so schmerzhaft laut wurde, mag auch Folge einer resonanten Dialektik sein, an deren einem Pol das Bemühen steht, die frappierende, affektreiche Präsenz des Körpers, der zu einer Stimme gehört, mit einem starken, diesen Wirklichkeitseindruck deutenden Sinneseindruck zu umgeben und metonymisch zu verknüpfen, während man am anderen Pol gerade auf das befürchtete oder zunehmend erlebte Ausbleiben des so erhofften Affekts reagiert, indem man ihn zu simulieren oder zu suggerieren sucht – naturgemäß durch noch mehr Lärm. Auch die Slasher- und Giallo-Filme, wie sie seit den 1970ern endemisch wurden, erscheinen oft als automatisierte Verselbständigungen einer Sinnesökonomie, die in der Übergriffsästhetik wurzelt. Schock- und Überraschungseffekte entstehen hier durch eine Spannung aus Deutlichkeit und Verdunkelung, Suggestion und Schärfe. Was dabei zählt, ist nicht länger ein überwältigtes Wiedererkennen von wirklicher Körperlichkeit, sondern nur noch die Erzielung des Index-Effekts, also die Deutlichkeit des Wirklichkeitseindrucks. War es ursprünglich gerade die Passivität und Objekthaftigkeit, die man im medialen Spiegel entdeckte, so ersetzt jetzt eine eher gewollte, verschärfte Drastik den alten, übergriffigen Körperpersonen-Effekt durch eine Aggression, die nicht mehr über die Bande der Passivität und Absorbiertheit spielen will.[55] Sicher sind das nur sehr

55 Vgl. auch den Klassiker deutschsprachiger Drastikforschung: Diet-

wenige und zudem überprägnante Beispiele für die durch sie markierte, nichtsdestoweniger umfassende und globale Entwicklung in sämtlichen nachpopulären Künsten. Und natürlich hat diese Entwicklung in ihren verschiedenen Segmenten wie Pop-Musik, bildender Kunst oder Kino auf je verschiedene Weise stattgefunden, sowohl was die Arbeit an den Index-, P- und B-Effekten und deren Bild- bzw. Sujetwerdung betrifft, als auch mit Blick auf die Umstellung von Index auf Ikon, vom Index-Effekt auf dessen leere Form bzw. vom Durchbohren auf Immersion und Schwelgen. Auch verlief diese Entwicklung keineswegs linear, etwa dergestalt, dass der rohe Effekt und seine unkonventionelle, quasi-avantgardistische Bearbeitung um 1960 danach bloß schrittweise durch entschärfende bzw. ideologische, oft auch sexistische, misogyne und heteronormative Bildgebungen verdrängt und abgelöst worden wäre. Die Wirklichkeit ist wesentlich komplexer: Denn gerade weil die nach-populäre Kunst von einer ziemlich deregulierten Ökonomie der Wechselwirkung zwischen experimenteller Gegenkultur einerseits und verwertender Kulturindustrie andererseits lebt, bleibt auch Letztere lange darauf angewiesen, dass die Undergroundkultur mit Reformbewegungen wie Punk, Industrial und Techno stetig für Index-Nachschub sorgt (der freilich wiederum zum größten Teil aus der periodischen Rückbesinnung auf frühere, in New York um 1960 gesetzte Radikalitätsstandards entsteht).

Die historische Komplexität zeigt sich auch darin, dass im Feld der Index-Kunst schon in den 1960er Jahren – parallel zur queeren Konstituierung des Underground – auch feministische Kritik einsetzt, die sich allerdings zunächst nicht gegen den oft machistischen Charismaterror der f. p. wendet (so nahe es von heute aus gelegen hätte), sondern sich erst einmal selber an der neuen Übergriffigkeit beteiligt. Ein ent-

mar Dath, *Die salzweißen Augen. Vierzehn Briefe über Drastik und Deutlichkeit*, Frankfurt/M.: Suhrkamp 2005.

scheidender Unterschied besteht gleichwohl darin, dass sich die feministischen Performerinnen nicht nur – wie Carolee Schneemann, Yayoi Kusama, Yoko Ono oder Valie Export – als Urheberinnen des Übergriffs, sondern – wie neben Ono oder Export vor allem Marina Abramović – immer wieder auch als dessen Opfer inszenieren. Die Kritik am Übergriff an sich dagegen wird bis in die 1990er Jahre vertagt, wo die Idee des Avantgarde-Zampanos mit der Lizenz zur je monströseren, desto cooleren Übertretung allmählich als maskulinistische Vergewaltigungs- und Missbrauchsverklärung entlarvt und die einst revolutionär begeisterte Rezeption zum Beispiel eines Klaus Kinski nach und nach gezwungen wird, in dessen Übertretungsgenie Verbindungen zum sexuellen Missbrauch zu erkennen, dessen ihn seine Tochter anklagt.

Bei allen Varianten der Sex- und Gewaltästhetik bleibt indes die Frage, welche Erfahrungen die Rezipienten dabei machen. Was reizt sie an diesen Formen des Übergriffs? Sind es tatsächliche realkünstlerische B-Effekte? Oder ist es doch eher deren sinnliche Einbettung, Suggestion und Simulation? Offenbar gelten die berühmten letzten Worten von Susan Sontags *Against Interpretation* nach wie vor: »In place of hermeneutics we need an erotics of art.« Diese müsste beschreiben, wie die Lust am (sadistischen) Übergriff wie auch an masochistischen Passivitätserfahrungen mit dem inneren Überschuss zusammenhängt, den das Erlebnis ausschüttet, sich selbst als medial bezeugte Objektivität erkannt oder erahnt zu haben, in Undergroundfilmen oder mit der Luftgitarre im Spiegel. Die Möglichkeit, gefilmt zu werden und genau dieses Gefilmte zu sein, tritt auf die Bühne – nun mit und ohne Medien, und möchte sich immer wieder so erfahren: erotisch süchtig nach Wirkungen, nach dem Hinterlassen und Konsumieren von Spuren.

Sex und Gewalt statt Lust und Unlust: Verallgemeinerungen des Übergriffs

In der klassischen Ästhetik spielt die Fähigkeit, Lust und Unlust zu empfinden, für die Konstitution ästhetischer Erfahrung eine maßgebliche Rolle. Ist es doch erst die wechselseitige Durchdringung von (sinnesbezogener) Reflexivität sowie einem (der Reflexion zugänglichen) Angezogensein bzw. Abgestoßenwerden, welche das Spezifikum ästhetischer Urteilskraft ausmacht. Wo dieses fragile Wechselspiel durch instantane Stimulation des Sexuellen oder brutale physische Gewalt ersetzt oder (genereller) per Index-Effekt kurzgeschlossen wird, bleibt für das Reflexionsmoment nicht nur keine Zeit, sondern das Plötzliche erschwert auch die rekonstruktiven Komponenten so verstandener Reflexivität – was in anderen Worten auch schon oft beklagt wurde.

Gleichwohl sind gerade aus der Counterculture auch Stimmen laut geworden, die das Unterlaufen der Reflexivität als positiv, weil wirklichkeitsunmittelbar, gedeutet haben: nicht als die falsche Unmittelbarkeitsästhetik von Kulturindustrie und Faschismus, sondern als ein ergebnisoffenes Durchstoßen des privilegierten Raumes der Kunst; zudem als überfällige Breitseite wider den privilegierten Bürgerhabitus, sich mit wohlabgefederter Interiorität die Leute und die Welt vom Leib zu halten. Solch abgehobener Individual- und Zerebral-Ästhetik könne eine Injektion von Lärm, Dreck und Intensität schließlich nur guttun. Dabei wird der Begriff der Intensität in einem besonderen Sinn gebraucht, der seit den 1970ern diverse Leitideen, aber auch Ressentiments der Index-Effekt-basierten Künste ballt und normativ fundiert. Anders als in meiner oben gegebenen Beschreibung der notwendigen Mehrteiligkeit und Heterogenität aller Künste, in denen Index-Effekte eine Rolle spielen, sind der Index-Effekt und seine Folgeerscheinungen für so ein Denken kein technisch-medialer Fremdkörper der Kunst mehr, sondern unterliegen künstlerischen Intentionen, die man teilen kann oder nicht. Lärm wäre dann eine künstlerischen Absichten unterliegende Steigerung einer gewollten Unordnung (improvisierter Musik) und nicht eine extern hinzugefügte Herausforderung. Als ästhetische Kategorien einer in höherem Maße folgenreichen Rezeption hätten Sex und Gewalt demzufolge tatsächlich das Vermögen abgelöst, Lust oder Unlust zu empfinden. Aber auch wenn ein solches Denken zu simpel das alte künstlerische Subjekt zum planvollen Stifter einer revolutionären Unruhe herbeihalluziniert, muss es dennoch Formulierungen dafür geben, wie mit (und eventuell auch ohne) Recording im Lärm (beispielhaft für unplanbare, aber aufzeichenbare para-künstlerische Phänomene) eine Dialektik von Verfügbarkeit und Unverfügbarkeit, ein vermitteltes Verfügen über unvermittelt Unverfügbares zentral wird.

In der Musik zeigt sich der Paradigmenwechsel am deutlichsten: So steht etwa für Lyotard – kaum überraschend – John Cage für ein Komponieren des intensiven und dionysischen *Klanges* gegen die zerebrale und apollinische Tradition der *Note*,[56] wobei aber gegen den Gedanken, Lärm und Geräusch »komponieren« und intentional kontrollieren zu können, hinzuzufügen wäre, dass es dabei implizit stets schon um einen pre-recorded, so nur durch Recordings verfügbaren Klang geht – auch wenn gerade Cage selbst hier wohl entschieden widersprechen würde. Doch ein komplett kontingentes Alltagsgeräusch gibt es spätestens dann nicht mehr, sobald etwas recorded vorliegt. Und die ästhetischen Implikationen dieser Verfügbarkeit sind auch für viele Arbeiten von Cage entscheidend. Das übersieht auch Jacques Attali, wenn er eine ganze Kulturgeschichte des Lärms schreibt, ohne dabei grundsätzlich zwischen den

56 Vgl. Jean-François Lyotard, »Bemerkungen über die Wiederkehr und das Kapital«, in: ders., *Intensitäten*, Berlin: Merve 1978, S. 15-34.

widerständigen Geräuschen etwa des Charivari und den Noise-Künsten in den Zeiten von Recording und Reproduzierbarkeit zu unterscheiden.[57] Denn der anarchistische Gedanke, dass das Verlassen der Ordnung, des Fixierten und Fixierbaren eine medienunabhängige Handlungsmöglichkeit rebellischer Subjektivität sei, verkennt, dass Noise, Dreck und Chaos stets davon befruchtet (oder auch kontaminiert) sind, dass man sie als Realitätsstückchen erst durch ihre aufgezeichnete, recorded Version zu verstehen und zu lesen gelernt hat. Indexikalität ist immer auf ein Drittes, eben auf ein Medium angewiesen. Eine Noise-Performance ist darum im besten Fall auf interessante Weise zweierlei: zunächst der Versuch, die Erfahrung eines definierten Undefinierten nachzuzeichnen und entsprechende Erfahrungen anzuspielen, abzurufen, erkennbar werden zu lassen – zugleich aber auch der völlig gegenläufige Versuch, im Überschreitungspathos des über jede Fixierung und Erkennbarkeit hinausgehenden Noise die Dialektik des Recording hinter sich zu lassen.

Doch zurück zu Sex und Gewalt: Anders als das Vermögen, Lust und Unlust zu empfinden, bezeichnen diese gewiss keine elementaren Vermögen des Subjekts, sondern stets schon zwei- oder mehrteilig gedachte, oft auch fetischistische und verdinglichte Relationen. Sie können nicht als Anliegen oder Können beschrieben werden, nicht als Stationen auf einem souveränen Weg zur Selbstverwirklichung. Stattdessen markieren sie ein Gebiet, wo das Subjekt nicht die Option hat, von seiner Gemachtheit und Verknüpftheit, seinem

57 Recording interessiert Attali – darin typisch für die kritische Medientheorie seiner Generation – nur als Reproduktionstechnologie im Interesse von Wiederholung, Massenproduktion und Anästhetisierung. Vgl. Jacques Attali, *Noise. The Political Economy of Music*, Minneapolis: The University of Minnesota Press 1985, S. 79-101.

Verwiesensein auf andere abzusehen. Gegen Sex und Gewalt kann man die Tür nicht schließen. Und immerzu sind sie von Absichten durchwirkt. Interesselosigkeit ist mit ihnen nicht zu haben. Entsprechend werden die Gegner der Autonomieästhetik und ihrer Ablehnung des Effektes nicht müde, den effektorientierten Einsatz von Sex- und Gewaltmomenten auch in klassischer Kunst (etwa in der italienischen Renaissancemalerei oder im bluttriefenden Plot von Shakespeares *Titus Andronicus*) herauszustellen – auch um zu beweisen, dass dieses Phänomen nicht erst seit den technischen Aufzeichnungsmedien virulent sei. Indes verweisen Sex und Gewalt auch auf gesellschaftliche und anthropologische Tatsachen, die ganz jenseits aller Kunst sind. Zwar bestehen auch sie – anders als Jugendschützer und Kulturpessimisten gern verlauten – nicht außerhalb jeglichen Kontexts. Doch auch wenn dieser für die jeweilige Bewertung eine maßgebliche Rolle spielt, stellen sich angesichts von Sex- und/oder Gewalt-Substraten, egal ob dargestellt oder direkt bezeugt, in aller Regel sehr schnell Urteile ein, die nicht auf den künstlerischen Akt des Übertritts oder dessen Einbettung in irgendwelche narrativen oder generischen Rahmungen, sondern stier auf die Legitimität des Vorgangs selbst (»Dürfen die das?«) gerichtet sind. Immer tragen Sex und Gewalt deshalb – als Gegenstände wie als Überschreitungsstrategie – zu einer Entästhetisierung des Diskurses zugunsten ethischer und anti-ethischer, politischer und anti-politischer Diskurse bei. Das trivialkulturelle Stichwort dazu ist bekanntermaßen »Provokation« und hat seinen Ursprung ja tatsächlich in den hier beschriebenen Entwicklungen performativer Künste um 1960. Aber wenn es als Vulgärtheorie des Übergriffs noch zu irgendetwas geeignet ist, dann dazu, jede Diskussion zielsicher auf die vergleichsweise langweilige Frage zu reduzieren, ob etwas »immer noch« provoziere und inwieweit dies aus externen Gründen (»Denkanstöße«) wünschenswert sei. Dennoch teilen sowohl die Provokationsfixierung als auch das Lob der Intensität um ihrer selbst willen – selbst als Verengungen bzw. Schwundstufen der ursprünglichen Index-Wirkungsdiskussion – noch das fundamentale Anliegen, zwischen Wirklichkeits- und Kunstunmittelbarkeit ein Gemeinsames zu finden, das dem künstlerischen Eingriff zur Verfügung steht (mögen dessen Ziele auch inzwischen noch so weit vom Schönen und Erhabenen entfernt sein). Kunstintern versuchen sie so dem Dilemma zu entgehen, das aus der relativen künstlerischen Unverfügbarkeit des Index resultiert – und bezahlen doch so oder so den außerkünstlerischen Preis für die erhoffte höhere Wirkung.

Am deutlichsten wird dies an den Extremformen: nicht nur im Noise, sondern etwa auch in den brachialen, physisch (selbst-)verletzenden bzw. sexuell übergriffigen Performances von Chris Burden über Günter Brus und Otto Muehl bis zu Johanna Went, Cosey Fanni Tutti, John Duncan oder Stelarc. Denn indem der Index-Effekt dort von den dazu ermutigenden medialen Kunstformaten – etwa den Warhol-Filmen oder Dylan-Schallplatten – abgelöst und die damit verbundene Dialektik so vermeintlich übersprungen wird, bringen derlei Vorstöße sich in die paradoxe Zwangssituation, ihr unvermeidliches Misslingen durch immer groteskere Drastik kompensieren zu müssen – was punktuell (und bei entsprechenden Rahmungen) zu amüsanten oder spannenden Ergebnissen führen, als überbietungsästhetischer Vorsatz jedoch nie mehr als ein medienkategoriales Missverständnis illustrieren kann. Vermögen selbstvergessene Körperlichkeit und absorbierte Zustände ihre beschleunigende, bezaubernde Wirkung doch erst dort zu entfalten, wo sie über ein objektives, ›totes‹ Medium umgelenkt und gespiegelt werden. Als unmittelbare sacken sie dagegen in sich zusammen – was dann umso wahnsinnigere Anstrengungen nahelegt. Aber kein subjektives Wollen kann je groß genug sein, um das Ungewollte zu verursachen. Diese Entwicklung hat natürlich auch damit zu tun, dass in den Jahrzehnten nach den free persons und ihren Aggressions- und Passivitätsperformances nicht nur die medienhistorische Ursache des übergreifenden Selbstbewusstseins in Vergessenheit bzw. als Alltagsselbstverständlichkeit aus dem Blickfeld geriet, sondern dass auch die spiegelnde Welt aus verwandten und vertrauten Misfits größer, unübersichtlicher, konkurrenter und verdinglichter wurde.

Trash-Filme und Free Jazz – noch eine Fallstudie

In den 1950er und 60er Jahren lässt sich nicht nur beobachten, wie die Kulturindustrien einander unter neuen Medienbedingungen ablösen, sondern auch, wie sie sich, obwohl ja schon zum niederen arbeitsteilig-massenproduzierenden Teil der Kultur gehörig, noch einmal in ein hohes und ein niederes Segment aufteilen: in Big Industry und Klitsche – wobei Erstere auf universelle Verwertung (vom James-Bond-Film bis zum Beatles-Album) ausgerichtet ist, während Letztere sich, um ihre strukturellen Nachteile in Produktion und Distribution zu kompensieren, auf einen einzelnen Produktvorteil kapriziert. Meist basiert dieser auf plakativ-sensationellen B- und P-Effekten entlang der jeweiligen Tabugrenzen von Sex und Gewalt sowie der findigen Bewirtschaftung je aktueller Moden und Sujets. Seit sich – wie zuerst im Kino, bald jedoch auch in der Musik- und Broadcasting-Industrie – oligopolistische Strukturen herausgebildet haben, also sogenannte Majors den globalen Markt beherrschen, produzieren die Kleinen mit Vorliebe das Sexuelle und Brachiale, das sich in den ebenso typischen wie klassischen Filmtiteln à la *Two Thousand Maniacs! – She-Devils On Wheels – Faster Pussycat! Kill! Kill!* oder *Beneath the Valley of the Ultra-Vixens* humorvoll mitteilt. Dass in solchen weitgehend regellos um Sensationen und rührende Zaubertricks mit Blut und nackten Körpern herumgebauten Eintagsfliegen eben deshalb auch viele neue Einfälle und plot-indifferente Effektverknüpfungen möglich werden, wissen zunächst nur junge Nachwuchsregisseure der Generation f. p., die hier – so wie Brian de Palma oder Martin Scorsese in der Trash-Fabrik von Roger Corman – ihr Handwerk lernen. Ab Mitte der 1980er erinnern sich dann auch eine inzwischen professionellere und (auto)reflexivere zweite und dritte Gegenkulturgeneration daran.

Dabei fällt auf, dass die B- und C-Filmproduktion zwischen 1950 und 1980 in Europa einen etwas anderen Verlauf nahm, insbesondere in Frankreich und Italien. Kürzlich hörte ich eine Platte des französischen Free-Jazzers François Tusques mit dem Titel *La Reine des Vampires 1967*, die Soundtrack-Aufnahmen zu dem Film *Les Femmes Vampires* enthält. Sind Vampire in den allerletzten Jahren (von den *Vampire Diaries* bis zu *True Blood*) wieder zum großen kulturindustriellen Populärthema geworden, das effektive Bilder von zerfleischten, zerrissenen und gepfählten Körpern mit den ebenso effektiven von erregten, lüsternen oder romantisch schmachtenden zu kreuzen erlaubt, so sind die Vampire, die um 1968 Jean Rollins Filme bevölkern, noch unmittelbar surrealistisch inspiriert. War Rollin, der damals im *seedy underground* zwischen Softporno und Avantgarde operierte (und später unter Pesudonym auch Hardcorefilme drehte), doch bis zu dessen Tod mit Georges Bataille befreundet, den er durch seine Eltern kannte. Lange vor der 1980er-Durchsetzung der Erkenntnis, dass man der Kulturindustrie auf dem Weg nach unten nachhaltiger entkommen kann als durch Ambition und Prätention, interessiert er sich für eine Wiederbelebung des Cinema of Attractions und anderer präkulturindustrieller Populärkultur im Trash-Modus: Seine Vampir-Softpornos will er an den Serials von Louis Feuillade orientieren. Das klappt nicht immer, zeigt jedoch, wes Geistes Kind er ist.

Für den Soundtrack gewinnt Rollin nun tatsächlich François Tusques, der als einer der ersten Franzosen die vielleicht wichtigste Lektion des amerikanischen Free Jazz verstanden und umgesetzt hat; dass nämlich der atonale afroamerikanische Jazz nicht primär nach der Logik avantgardistischen Voranschreitens zu verstehen sei, weshalb auch von der europäischen Avantgarde entlehnte Kategorien wie »Emanzipation der Dissonanz« oder »Atonalität« hier fehl am Platz seien, sondern dass es stattdessen – wie vom schon erwähnten John-Coltrane-Biographen Ben Ratliff nachdrücklich herausgestellt – um Idee und Praxis eines maximal inklusiven Musizierens *füreinander* gehe, eines Musizierens, das weniger der Aufführung von Werken oder der Performances für andere diene als der Herstellung einer vibrierenden Situation wechselseitiger Ansteckung und Beobachtung, eines Zugleichs von maximaler Inklusion (natürlich nicht in einem quantitativen, sondern in einem qualitativen Sinne) und nahezu gottesdienstartiger Abgeschlossenheit.[58] Dass Ratliff diese Coltrane-Konzeption als »Sound« bezeichnet,[59] unterstreicht einmal mehr die oben beschriebene Nähe zwischen musikalischem Minimalismus und Free Jazz im New York der mittleren 1960er Jahre: Sound ist für die Minimalisten ja das, worin man sich hineinbegibt. Hier ist also nicht eine äußere Welt, in der man sich spiegelt – wie die, nach der die Künstler suchen, die sich selbst als Index-Effekt in Warhol-Filmen gesehen haben –, sondern eine, die erst dadurch entsteht, dass man sich im selben, selbstverursachten Vibrationsraum aufhält.

Davon inspiriert, versucht Tusques nun, diese inkludieren-

58 Eine spezifisch afroamerikanische Geschichte der Ansteckung erzählt Ishmael Reed in seinem Roman *Mumbo Jumbo,* in dem sich ein kultureller Virus – genannt: »Jes Grew« – musikalisch ansteckend verbreitet: ein einzigartiges und spezifisch schwarzes kulturelles Objekt, »which traverses the land in search of its text: the lost liturgy seeking its litany«, Ishmael Reed, *Mumbo Jumbo*, New York: Doubleday 1972, S. 211.

59 Vgl. Ratliff, *Coltrane*, S. 153-157.

de Free-Jazz-Praxis im Frankreich vor der Mai-Revolte zu implementieren, etwa in grenzüberschreitenden Projekten – er selbst nennt sie »interkommunal«. Das führt unter anderem zu einer Kollaboration mit der linksradikalen Folk-Sängerin Colette Magny. Das Filmprojekt von Rollin, mit welchem er befreundet ist, wirkt vom Free Jazz zunächst mindestens ebenso weit entfernt. Und so scheint auch sein Soundtrack erst einmal nichts mit dem billig gedrehten, aber ambitionierten Horror-Surrealismus des Films zu tun zu haben. Indes zerstreut sich dieser Eindruck in dem Maße, wie man wahrnimmt, dass beide eine für die Zeit schon ziemlich ausdifferenzierte Haltung zu einer Ästhetik der Beschleunigung, des Effektes und der singulären Spuren von Personen aufweisen. Im Gegenteil erweist sich so ausgerechnet an einem europäischen Sexploitation-Film und seinem Soundtrack schon früh die Möglichkeit, aus den nominell kunstfremden und von fiktionaler Narration und künstlerischer Architektur auch real kaum moderierten Mitteln des Effektes, des Index und des Fetisch eigenkünstlerische Welten, wenn man so will, gar eine eigene *Ästhetik* aufzubauen und auszudifferenzieren. Denn so fremd die Komponenten nebeneinander anfangs wirken, können sie aufgrund ihrer gemeinsamen Matrix doch ohne weiteres zusammen *funktionieren* – auch und gerade quer zum damals noch hegemonialen System aus medienspezifischer Hochkunst und fiktional-narrativer Kulturindustrie.

Dabei liegt die besondere Leistung dieses Zusammenwirkens tatsächlich darin, zwei divergierende Interpretationen von Index- und Realverursachungs-Effekten zusammenzuführen: zum einen das Verharren in der Kontinuität des Verursachens – hier konkret der Praxis, sich den fortwährenden Wirkungen des *eigenen* kollektiven Musizierens auszusetzen; und zum anderen den Schock – hier verursacht durch den Horror- und Verletzungseinsatz des indexikalen Bildes und der entsetzten, erschrockenen Stimme. So legt ausgerechnet das Zusammentreffen des feierlichen, ja quasi-religiösen Free-Jazz-Formats mit einer Trash-Ästhetik der Drastik und Verletzung frei, wie sehr beide mit demselben medientechnologischen Einschnitt fertigzuwerden versuchen, mögen ihre Rahmenerzählungen auch noch so konträr sein. Was bei Warhol noch über die Polarität von Sadismus und Masochismus zu einer homogenen Kunstwelt integrierbar war, muss hier – nach nur wenigen Jahren der Ausdifferenzierung und des Kontaktes zu sozialen und politischen Bewegungen – durch externe Kunstgriffe wieder zusammengeführt werden, ist dann aber auch in voller Heterogenität zu zelebrieren und zu genießen, als geradezu manichäischer Antagonismus.

Entertainment through Pain[60] *und Repolitisierung*

Da die Einbettungs- und Entschärfungstendenzen mit der Zeit stärker zu werden pflegen als die surrealen, psychotropen, beschleunigenden, erotischen und gewaltförmigen Effekte, hat es im späteren Verlauf der Entwicklung verschiedentlich Reform(ations)bewegungen gegeben – darunter auch solche, die nicht oder nur zum Teil mit der zuvor beschriebenen, die mediale Komponente des Index-Effekts tendenziell verfehlenden Verschärfung und Steigerung arbeiten. Nachdem Heavy Metal, Performance Art, Glam Rock, experimentelles Theater und konzeptuelle Photographie sich in den 1970er Jahren auf verschiedene Weise am Balanceakt zwischen Index-Effekt-Verstärkung und Medialität abgearbeitet haben, geht in den späten 1970er und frühen 1980er Jahren eine neue, global vernetzte und bald Industrial genannte

60 So der LP-Untertitel der *Greatest Hits* von Throbbing Gristle aus dem Jahr 1981.

Szene daran, den Komplex aus Körperwirkung, Indexkunst und Performance Art neu zu strukturieren, indem sie ihn von der politischen Befreiungsperspektive weitgehend abkoppelt. Darkness und Pessimismus dominieren. Erst auf der Basis dieses Schwenks ist die – nach vielen Zwischenstadien – inzwischen weitgehend flächendeckende Hegemonie der heutigen Perspektive zu verstehen, wonach der Übergriff (statt einer ambivalenten Mischung aus berührender Befreiung und intensiv-bereicherndem Kontakt) bloß noch ein Machtverhalten und damit eher eine Zumutung darstellt. Dabei bleiben die ästhetischen Fragestellungen auch nach dieser Entkoppelung unvermindert relevant. Was sich in der Industrial Culture damals um extreme Performance, Transgender-Szenarien und aggressive, elektronische Musik entwickelt, versucht darauf neue Antworten zu geben – oft im Rekurs auf skeptische bis paranoide Denker der US-Gegenkultur von William S. Burroughs bis Philip K. Dick und Thomas Pynchon.

Ihren Genrenamen erhält die Industrial-Kultur, die historisch eigentlich von Beginn an eine typisch *post*industrielle ist, charakteristischerweise von einem Plattenlabel, Industrial Records, das die britischen Künstler Genesis P-Orridge und Cosey Fanni Tutti – beide zuvor unter dem Namen C. O. U. M. Transmissions als Extremperformer am Rand der bildenden Künste aktiv – 1976 mit anderen gründen. Mehr oder weniger erklärtes Ziel dieses Übergangs vom Avantgarde-Off zum Umfeld der frühen Punk-Tage ist es, die effektorientierte Kunst, den Indexikalismus und die Kontinuität der Ursache guerillataktisch gegen ein Netz totaler medialer Überwachung und Kontrolle zu wenden, gegen einen paranoid geschlossenen kybernetischen Kapitalismus, in dem direktes Aufbegehren nicht mehr möglich ist. Dabei wird die Wirkung jener Körper, die durch das indexikale Stadium hindurchgegangen sind, bereits in ihrer Komplizenschaft mit einer global-semiotischen, kontrollfaschistischen

Vergiftung gesehen – wogegen nur ein Extremismus der Körperbilder bis hin zur Zerstörung der Körperlichkeit noch helfen oder immunisieren kann. Die virale Herrschaft, von der William Burroughs erzählt, ist dabei nur eine der vielen gepflegten und gehegten Dystopien. Zu den internationalen Verwandten der Bewegung zählen nicht nur Bands wie Throbbing Gristle, SPK, Whitehouse oder später Coil, sondern auch das New Yorker No Wave Cinema von seinen Anfängen bei Scott und Beth B, John Lurie und Eric Mitchell bis zu den späteren, erfolgreicheren Vertretern Nick Zedd und Richard Kern, zudem benachbarte Autorinnen wie Kathy Acker, Performerinnen wie Lydia Lunch oder Filmemacherinnen wie Vivienne Dick, in Europa außerdem Jörg Buttgereit, der frühe Christoph Schlingensief und die Schweizer Schimpffluch-Gruppe. Man bearbeitet, meist sarkastisch bis nihilistisch, seltener verzweifelt revolutionär gestimmt, dann wieder radikal hedonistisch die Extrema von Sexualität und Gewalt, wahlweise als Übersteigerung von Trash- und Billig-Effekten und/oder durch gezielt schmerzhaft eingesetzte elektronische Stimuli und brachiale Beats. Bevorzugte Themen sind Gewalt, Folter, transgressive Sexualität und andere Grenzzustände – als letzte Regionen, in denen die fundamentale medienkulturell-soziale Tatsache von Gewalt und Sadismus überhaupt noch sichtbare Konturen zu gewinnen verspricht. Überall sonst scheint der Index von Personenbildern schon vollkommen von der Gewalt und Tödlichkeit jener Mächte kolonialisiert, die über diese Bilder verfügen: Polizei, Pornographie, Geheimdienste und eine weltumspannende Desinformations-, Sedierungs- und Verblödungsindustrie.

Korrespondierend zum so erreichten Grad an Dehumanisierung baut die Industrial-Ästhetik ostentativ auch auf maschinelle oder maschinell markierte Ursachen. Zwar kommt diesen im Recording Age schon immer eine wichtige, teils stilbildende Rolle zu – bislang allerdings stets nur in Form von gespielten, d. h. hörbar human-physisch verursachten

Instrumentalklängen und Stimmen. Auch thematisch bleibt der Mensch-Maschinen-Übergang in dieser Spannung angesiedelt, die etwa bei Jimi Hendrix noch als Untergangs- und Überwindungsphantasie entworfen wird. Psychedelische Effekte waren oft nichts anderes als die geplante Verwechselbarkeit von menschlicher und medientechnischer Verursachung. Doch in der Industrial-Kultur gibt es diese Spannung nicht mehr, weil sich das Maschinelle hier entweder ganz verselbständigt oder mit masochistischen Sexualszenarien verbindet, deren minutiöse Gnadenlosigkeit gleichermaßen totalitarismuskritischen Horror wie sexuelle Attraktion bedeuten und bewirken kann – nicht selten beides. Wie diese maschinelle Indifferenz aus ihrer entfremdungsmimetischen Funktion in Throbbing Gristles »Death Factory« (wo konzertbegleitend Filme über Operationen und Verstümmelungen laufen) in nur einem Jahrzehnt zur subjektlosen Freundlichkeit der Technowelt – und damit zum letzten bekannten Neustart des Utopischen – mutieren kann, mag von heute aus als die Essenz wie das Mysterium der 1980er Jahre wirken.

Gleichwohl lässt sich in dieser Phase auch beobachten, wie sich die Neo-Avantgarden des Extremen und Direkten nach und nach zu geschlossenen Kunsthandwerks- bzw. Neo-Folkloren vernischen, während befreiungsskeptische Sujets wie die Skripthaftigkeit von Sexualität zugleich (etwa in Filmen wie *9½ Wochen*) die offizielle Massenkultur stimulieren. Das Dystopische und Skeptische erhält seine sozial erträgliche Form in einem oft nicht ganz unironischen Umgehen mit Stammessymbolen und fremden Schriftzeichen und einem mehr oder weniger verspielten Tribalismus – also Praktiken, die zwar die universelle Befreiung der 1960er hinter sich gelassen haben, aber nun, in den 1990er Jahren, bei Rave und Techno die real immer eher subkulturell als universell gedachte Utopie in erstaunlich inklusiven Freizeitkulturen begrenzt zu realisieren erlauben. Im größeren Kontext drängt sich – zumal vom aktuellen Endpunkt eines komplett Tattoo- und Piercing-überzogenen Mainstreams her – aber auch die Diagnose auf, dass viele Lebensformen und Interpretationen von Drastik zunehmend kompensatorisch, d. h. der Tatsache geschuldet sind, dass Verursachungserfahrungen im (politischen) Alltag der Rezipient_innen zusehends seltener vorkommen. In der Folge können sie auch als kulturelle oder mediensprachliche Topoi nur dann überleben, wenn sie immerfort gesteigert werden, gleichsam vor ihrer Entwertung weglaufen (so wie die Selbstverletzung vielen auch als schmerzliche Vergewisserung der ganz alltäglichen Entfremdung dienen soll). Dabei ist die Doppelung von physischer, buchstäblicher Durchbohrung und symbolischer Bedeutung von Piercings und Tattoos natürlich auch ein Versuch, dauerhaft einen indexikalen Effekt für sich und andere am Leibe zu behalten. Zudem wäre einer Kulturkritik an der Mainstream-Drastik, die diese ganz auf kompensatorische Funktionen reduziert, auch entgegenzuhalten, dass erst ein in diesem Sinne drastischer Roman wie *American Psycho* den Zusammenhang zwischen den Zuspitzungen eines immer abstrakteren neoliberalen Kapitalismus und den Pathologien eines Lebens, das keine (politischen) Wirkungsdimensionen mehr erfährt, überhaupt erzählbar und verständlich machen kann.

Historisch wird die Lage noch dadurch verkompliziert, dass Teile der durch No Wave und Industrial initiierten Avantgarden sich gegen Ende der 1980er aus diversen Gründen zu einer manifesten Repolitisierung getrieben sehen. Waren Kathy Acker oder Lydia Lunch bei allem Nihilismus auch zuvor bereits erklärte Feministinnen, so zwingt spätestens die unmittelbare Bedrohung der Lebensgrundlagen durch Aids doch auch allgemein zu einem Aktivismus, der die Monokultur der Transgression relativiert. Zu offensichtlich sind Noise, Nietzsche und Nekromantik hier keine Lösung. Wie die Ideen von Direktheit und Kontinuität der Ursache in der sich reformierenden politisch-aktivistischen Kultur der

1990er erneut prägend werden und bis in aktuelle akademisch-künstlerische Mythen wie den der »widerständigen Bilder« nachwirken, wird Thema des dritten und letzten Teils sein.

III.
The Healing Festival: Konsequenz, Selbstorganisation, Kunst

Art Always Has Consequences

Von Beginn an stellten die Künste des Index eine Bedrohung der klassischen, vom Planen her gedachten Künste dar, in denen sich besonders begabte oder tief empfindende Menschen in bestimmten Disziplinen und Genres ausdrücken konnten. Aus den jeweiligen Konventionen und der Möglichkeit ihrer partiellen Überschreitung ergab sich eine Dialektik von Begrenzung und Verallgemeinerung, in deren Spannungsfeld das Individuum sein Können und Empfinden um den Preis mitteilen konnte, dass es sich dabei einer jeweils anerkannten Kunstsprache bediente – über deren Vermögen und Entwicklung freilich permanent und öffentlich gestritten wurde, als Kampf um die Sphäre des Werks. In den Index-basierten Künsten ist diese Dialektik insofern zugleich durchbrochen wie verschoben, als sich die Sicht- und Erkennbarkeit des Singulären und Individuellen hier nicht erst im Rekurs auf eine bestimmte Sprache und ein als Partitur, Text oder Anweisung existierendes Werk überhaupt konstituiert, sondern als medial Übertragenes gewissermaßen direkt durchsticht, so dass der künstlerischen Artikulation im Zuge einer modifizierten Dialektik die veränderte Funktion zukommt, das nun anstelle des Künstlersubjekts getretene Aufgezeichnet-Individuelle einzubetten, also zu kontextualisieren, kommentieren oder ent- bzw. verschärfen. So können plötzlich völlig andere Menschen und reale Situationen zur Präsenz gelangen, während der zu ihrem Verständnis notwendige Code tendenziell kontingenter, manipulationsanfälliger oder auch – aus avantgardistischer Perspektive begrüßenswert – abrupter, sinnferner oder realunmittelbarer wird. Eine weitere Implikation der direkten Präsenz besteht darin, dass sie den Rest des Werkes gleichsam freistellt; sei es zur Kenntlichmachung der Effekte oder der näheren Verhältnisse zwischen den jeweils involvierten Singularitäten, Pluralitäten oder gar Universalien, oder sei es – gewissermaßen hinterrücks – dazu, im Fahrwasser der unverdienten Autorität der Präsenz- und Index-Effekte einen Fetischismus der Macht zu etablieren.

Vor diesem Hintergrund wäre nun zu fragen, welches Verhältnis die gegenwärtige, seit den 1990er Jahren wieder zunehmend (re-)politisierte bildende Kunst zu den Index-Effekten entwickelt hat. Zunächst scheint sie in dieser Hinsicht in dem Maße unauffällig, wie sie sich auf Traditionen beruft, die noch aus der guten alten Kunstepoche planender Poiesis herrühren und von den abrupt sich ereignenden Präsenzen medialer Kunst noch nicht viel wissen müssen (respektive dürfen). Dementsprechend werden bis in die jüngsten Debatten um politische Kunst immer wieder die zwar nach wie vor verdienstvollen, aber weitgehend an Literatur und komponierter Musik orientierten Positionen einschlägig Verdächtiger der Kritischen Theorie hervorgeholt und bestenfalls milde aktualisiert: Lukács, Adorno, Brecht.[61] Auch die Impulse zur Politisierung respektive Repolitisierung in den späten 1980er und frühen 1990er Jahren scheinen weitgehend vergessen: die Aids-Krise und, mit ihr verbunden, die Erfahrung, wie sub- und gegenkulturelle Lebens- und Kunstformen bekämpft und marginalisiert werden. Der direkte Zusammen-

61 So etwa bei Claire Bishop, *Participation*, Cambridge (MA): The MIT Press 2006; oder auch bei Shannon Jackson, *Social Works. Performing Art, Supporting Publics*, New York und London: Routledge 2011.

hang zwischen (metaphorisch gesprochen) ansteckenden Verfahren in den Künsten und der homophoben Hysterie, die im Horror vor Viren in freizügig getauschten Körperflüssigkeiten gipfelt, wird schnell von einer allgemeineren Repolitisierung nach dem Ende der Systemkonkurrenz ersetzt.[62] Diese speist sich aber auch aus dem alten – und vielfach begründeten – Verdacht, die ›nicht-politische‹ Kunst kollaboriere mit einem gewaltigen Regime der Unwahrheit, des Illusionismus und der Erfahrungsverhinderung, konkret: Kulturindustrie, Manipulation, Spektakel, Eskapismus. Ebenso hält sich der Verdacht, dass die Erfolge ›reiner‹ Kunst – nämlich Distanz, Autonomie und Reflexion zu ermöglichen – im realen Vollzug auf unverdienten Privilegien basierten, deren Prinzip mit dem der falschen Verhältnisse insgesamt identisch sei. Erst auf dieser altgedienten Basis keimt dann von Fall zu Fall die Vorstellung, dass die Wirkungsmetaphern Index-basierter und elektrisch verstärkter Kunst – Perforation und Vibration – etwas bezeichnen, was man sich als politische Wirkung vorstellen könnte und deshalb gerne zur Verfügung hätte. Als Mittel zum Zweck.

Nicht zufällig erinnert das zunächst an ikonoklastische und futuristische Ansätze.[63] Denn hier artikuliert sich ein ungeduldiger Aktionismus, der die überkommenen Rezepte von Reflexion, Distanz, Kritik und Askese im Namen zugespitzter Verhältnisse zurückweist und sich seine Metaphern

62 Zu den Reise- und Tauschbewegungen der Metaphern von Ansteckung und des Viralen zwischen Kunstwirkungen, Machtwirkungen und der (politischen) Krankheit selbst vgl. Brigitte Weingart, *Ansteckende Wörter. Repräsentationen von AIDS*, Frankfurt/M.: Suhrkamp 2002, vor allem S. 75-102.

63 In den hier zunächst nicht gemeinten allerneusten Moden der bildenden Kunst – Post-Internet-Art, Akzelerationismus – wird dann ja auch explizit auf die technische Neuheit, den Bruch, die Post-Gegenwart und andere anti-historische Metaphern gesetzt.

für starke körperliche Wirkungen vom technischen Fortschritt leiht. Doch der Index-Effekt ist eben nicht allein technischer Fortschritt. Zwar basiert er insofern auf Technik, als diese die alte Kunstfunktion der Mimesis beschleunigt und leichter verfügbar macht (dabei durchaus ganz alter Magie ähnlich). Mindestens ebenso gravierend verändert der Index allerdings auch das Einbezogensein der produzierenden und rezipierenden Körper in ihrer Lebendigkeit. Und entgegen allen Verlautbarungen reproduktionsbasierter Medientheorien geht es dabei nicht bloß um mehr Adressaten, höhere Auflagen, höhere Profite und beschleunigte Zirkulation. Vielmehr verändert die Verfügbarkeit traditionell unverfügbarer Lebendigkeitstatsachen massiv das Selbstverhältnis aller Beteiligten. Das mag auch die häufige Verwechslung von politischen Effekten mit solchen des Index erklären, ja bis zu einem gewissen Grad sogar rechtfertigen – umso mehr, als auch Letztere ja stets ›Bildunterschriften‹, d. h. generische Rahmungen, erfordern (bzw., wo man sich nicht selbst darum kümmert, von außen – und meist unzutreffend – nachgereicht bekommen).

Ebenso wie die vor-indexikale Linie politischer Kunst blieb auch diese Index-affine Politkunst im Gefolge von poesie engagée, Agit Prop, politisiertem Theater und den Post-68er-Versuchen, die massenkulturellen Erschütterungen durch Jugend-, Gegenkultur und Emanzipationsbewegungen jenseits der Arbeiterbewegung künstlerisch zu beerben, ziemlich lang am Leben. So scheint nicht nur in politischer Performance-Kunst oder neo-Brecht'schem »Aktionstheater«, sondern auch im aus Off-Theatern und Musikgruppen hervorgegangenen Teil der Kommune-Bewegung eine Vorstellung von künstlerisch verursachter Lebensänderung auf, deren intensive Direktheit nicht länger nur aus politischer Dringlichkeit, sondern auch aus der Erfahrung mit schnellen, körperlich ansteckenden und durchbohrenden Effekten durch Aufzeichnungsmedien und dem aggressiv verführerischen Auftreten von f.ps herrührt. Doch obschon es auch in dieser Tradition seit Jahren nachpopuläre Praktiken gibt, die sich über den Umgang mit durchbohrenden Effekten offenbar so weit verständigt haben, dass hier wieder eine spezifische Genrekonvention der Indexikalität erkennbar scheint, so taucht doch gerade in letzter Zeit immer wieder die Frage auf, ob Kunst nicht auch direkt auf politische Konstellationen einwirken könne – wobei die internationale Szene-Popularität des Begriffs der Mikropolitik hier insofern verstärkend wirkt, als deren kurze oder mittlere Reichweite auch die der Kunst zu sein scheint.

Nun liegt die Dialektik dieses Phänomens aber genau in jenem Medienbezug, der die Fragestellung unserer Abhandlung insgesamt bestimmt. Das Interesse an einem direkteren Zugreifen der Künste wächst in dem Maße, wie die dort benutzten Medien nicht mehr als vermittelnde erscheinen, sondern stattdessen eine Unmittelbarkeit (Punctum, Index) im Herzen einer konventionellen Vermittlungsinstanz (Bild, Ikon, Lied, Komposition) installiert wird. Dementsprechend wäre zu fragen, inwieweit die Konzeption von Wirkung sich hier gar nicht mehr künstlerischen Errungenschaften im klassischen Sinne, sondern vielmehr dem je spezifischen Nebeneinander von Medienkonvention und deren Perforation verdankt. Umso fataler wäre es dann allerdings, wenn die künstlerische Vermittlungsebene, ja auch der notwendig ästhetische Anteil an Realkunst- und Schockelementen im Verhältnis zu seinem Rahmen immer weiter zurückgedrängt und dies dann als Gebot der Agency bzw. Dringlichkeit politischer Gegebenheiten missverstanden würde. Offenbar ist aber eben das in vielen aktuellen Ansätzen sozialer, kommunitärer und partizipativer Kunst der Fall. Jenseits davon bleibt zudem die Frage nach der Ästhetik auch des vorderhand nichtästhetischen, technisch-perforierenden Anteils, zumal dieser ja (wie im zweiten Teil beschrieben) seit den 1960er Jahren künstlerisch schon untersucht und ausgelebt wurde – mit teils auch zwiespältigen Folgen, wie bei Stefan Brechts »free persons«.

Art Always has Consequences – so der Titel einer Ausstellung, die (u. a.) vom Kurator_innenkollektiv WHW organisiert wurde. Speziell das *Always* richtet sich dabei gegen die nach wie vor verbreitete Idee, es läge im voluntaristischen Belieben der Künstler_innen, ob ihre Kunst Konsequenzen habe oder nicht. Da Kunst jedoch – ganz gleich, was einzelne Künstler_innen dazu denken oder meinen mögen – *immer* Folgen habe, komme es bloß darauf an, *welche*. Demnach stünden Künstler_innen mit jedem (Kunst-)Handeln von vornherein in einer Art außervoluntaristischen Verantwortung, nicht nur in Hinblick auf direkte Komplizenschaften mit ermöglichenden Institutionen (von regionaler öffentlicher Wirtschaftsförderung über Konzern-Kunst-Etats oder die Tourismusindustrie bis zu Privatsammlern und diktatorischen Regimen), sondern auch mit Blick auf die Nutzung von (unverdienten) Privilegien bis hin zu kollateralen Werbeeffekten für fragwürdige Produkte. In der Summe ergäbe all das ein Konzept von Wirkung, das nicht von einer besonderen Anstrengung künstlerischen Wollens, sondern ganz zeitgemäß von der Orientierung und Akzentuierung in teils vorbegrifflichen, teils lesbaren, immer aber längst gesponnenen Bildernetzen ausginge.

Darüber hinaus benennt der Slogan aber auch noch allgemeinere Probleme einer Beteiligung an der fragwürdigen Institution Kunst. Denn da all die beschriebenen Konsequenzen ja real bestehen, ist Engagement oder Widerstand keine Frage der Entscheidung für (oder gegen) Konsequenzialität mehr, auch kein spezifisches Genre, sondern identisch mit der Umlenkung, Ausschließung oder Unterlassung von politisch wie ethisch schädlichem und daher abzulehnendem Handeln überhaupt. Die Effekt- und Verursachungslogik, wie sie seit den 1960er Jahren genre- und traditionsbildend wurde, ist dabei längst vorausgesetzt. Indes ist das Konsequenzielle hier von Handlungen und Fakten eingebettet und umgeben, die nach einer anderen Logik Konsequenzen sind und haben. Dieses Nebeneinander von aufs Politische, Ethische und Moralische hin Wirksamem sowie anderweitig künstlerisch Verknüpftem und Verschaltetem ähnelt nun aber wieder strukturell dem, was sich zwischen den planend-handelnden sowie den verursachenden (perforierenden, vibrierenden) Elementen von aufgezeichneter Kunst abspielt. Und tatsächlich sind bestimmte Index-Effekte für eine so verstandene politische Kunst auch äußerst nützlich.

Die Parole, dass Kunst stets Konsequenzen habe und bisher lediglich die ästhetischen, affektiven und semantischen zuungunsten der politischen überschätzt worden seien, stand im Januar 2015 auch im Zentrum einer dreitägigen Versammlung im Berliner HAU. Kernfrage: Wie wäre Kunst unmittelbar auf positive gesellschaftliche Folgen zu eichen? Unter anderem sollte dazu ein Verbund von aktivistischen Kollektiven – die »Artists Organizations International« – gegründet werden. Und weder die Schwierigkeit (bzw. Unfähigkeit), sich darauf zu einigen, was denn nun gesellschaftlich wünschenswert sei, noch der Hinweis auf die mangelnde Verzahnung der diversen Anliegen[64] (die man meistens mit dem

64 Sicher erscheint es von einem kritischen Standpunkt aus unvermindert sinnvoll, z. B. anti-muslimischen Rassismus bekämpfen oder die LGBT-Rechte stärken zu wollen. Nur findet man die jeweiligen Bündnispartner nicht mehr im erweiterten Umfeld jener Gruppe, für die man sich einsetzen will – und zwar deshalb, weil der links-humanistische Kern aus Bürgerrechtsbewegungen, Minderheitenschutz und Sozialismus mittlerweile faktisch erodiert ist. Dies zu igorieren und lieber so zu tun, als seien die vormaligen Selbstverständlichkeiten noch intakt, weshalb politische Kunst ausschließlich Strategie-, nie dagegen sachliche Probleme habe (ähnlich wie bei Parteipolitikern, die sich nach verlorenen Wahlen auf »Vermittlungsdefizite« kaprizieren), ist in dem Maße fatal, wie sich der Begriff der politischen Kunst dabei vor die Diskussion der eigentlichen Politik schiebt und Letztere dadurch verhindert. So verschanzt ausgerech-

Zauberwort der Intersektionalität zu integrieren hofft[65]), ja nicht einmal die ausgesprochen disparaten Strategien (deren Bandbreite von »provokativ« und »verstörend« bis zu »praktisch« und »konstruktiv« zur Begriffshülse der »Intervention« unifiziert wurde) vermochten die Beteiligten von diesem Vorhaben abzuhalten. Vorläufer, Stichwortgeber und Inspiration lassen sich dennoch bei sehr unterschiedlichen (und unterschiedlich gelungenen) Aktionen und Projekten auch sehr verschiedener Personen und Gruppen finden: von der vorletzten Berlin-Biennale 2012 über die Marathon-Diskussionsveranstaltung *Truth Is Concrete* beim Steirischen Herbst 2013 bis zu den Gegenwartsprojekten des Berliner Zentrums für Politische Schönheit. Und natürlich muss man auch die Arbeiten und kuratorische Unternehmungen eines Christoph Schlingensief oder des Schweizer Theatermachers Milo Rau, des niederländischen Künstlers Renzo Martens oder der österreichischen Wochenklausur hinzurechnen.

Schaut man sich diese Beispiele aber genauer an, so fällt vor allem eine Gemeinsamkeit auf, die in letzter Zeit immer häufiger herausgearbeitet wird und auch regelmäßig für mediale Aufmerksamkeit sorgt: Zentraler Einsatz ist immer die Verkleinerung des Unterschieds zwischen inszenierter Situation und – meist ihrerseits »medial inszenierter« oder kritisch als »inszeniert« empfundener – Realität. Sind die Lei-

net eine nominell politische Kunst sich zunehmend hinter einem schuldbewussten Relevanzbegehren, dem es vor allem darum zu gehen scheint, *irgendwelche* Konsequenzen zu erzielen. Die aber gibt es – ganz im Sinne unseres Abschnittstitels – sowieso.

65 Spätestens mit den sogenannten Kölner Ereignissen in der Silvesternacht 2015/16 ist offenbar geworden, wie wenig der Diskurs der Intersektionalität – bei aller Notwendigkeit, weiterhin daran zu arbeiten – verhindern kann, dass im Zweifelsfall selbst notwendigste und mit viel gutem Willen und guten Argumenten geführte Debatten zum Teufelskreis aus wechselseitigen Unterstellungen mutieren (so wie hier zu dem Vorwurf, Anti-Sexismus gegen Anti-Rassismus bzw. vice versa ausspielen zu wollen).

chen echt? Entstehen wirklich Jobs? Wird tatsächlich jemand abgeschoben? Unabhängig davon, ob sich diese Effekte gegen die Vermittlung von Realität richten – gegen die sogenannten »Medien«, die Öffentlichkeit – oder ob sie sich ihre Effekte erarbeiten, um zu schockieren, zu provozieren, und andere Effekte im oben beschriebenen Sinne erzielen, stellen sie so etwas wie eine Überbietung oder auch Ergänzung von Index-Effekten dar. Sie brauchen nicht unbedingt die unmittelbare und technische Wirkung von Aufzeichnungsmedien, aber sie bedienen sich der Öffentlichkeitseffekte von Medien im Sinne von Publikationsorganen. Oft setzen sie auf Liveness und versteckte Bühnen, um aber eher Theater- als Medieneffekte zu erzielen. Im Gegensatz zu der mittlerweile langen Geschichte des Index-Effekts zwischen den Extremen einer biopolitischen Live-Ploitation im Reality-TV und den Warhol-Screen-Tests befinden sich diese Realitätseffekte der neuen, performance- und inszenierungsbezogenen »Realkunst« meist auf dem Level, das für Index-Kunst der Slapstick war: einfache Faszination, etwas zu können, hier: berichterstattungsfähige politische Realität als Künstler zu inszenieren. Auch wenn Einbettung und Rahmung dem einen Vertreter besser gelingt als dem anderen, wird das Gelingen dieses Reality-Effekts leider zu oft mit *politischer* Wirkung verwechselt, so wie frühe Kinozuschauer vor einfahrenden Eisenbahnzügen in Deckung gingen.

Damit gewinnt spätestens mit den einschlägigen personellen und strategischen Überschneidungen zwischen Occupy-Bewegung und interventionistischer Kunst – symptomatisch in der Präsentation eines Occupy-Camps bei der Berlin-Biennale 2012 – ein Kunstbegriff Kontur, der sich politische Erfolge als künstlerische anrechnen lassen will und umgekehrt der Kunst vorrechnet, wie wenig sie sich angesichts der globalen katastrophischen Zuspitzung aus den aktuellen politischen Kämpfen zurückziehen könne. Und anders als noch zur Hochkonjunktur der Wiederbesinnung auf »institutional critique« in den 1990ern ist es nun nicht mehr bloß mit selbstreflexiver Diskursivität getan, etwa Hinweisen auf die Gemachtheit, auf jeweils benutzte Wissensquellen oder die gesellschaftlichen Bedingungen spezifischer ästhetischer Genüsse – nein, die Dringlichkeit muss praktisch werden, alles andere ist schon selbst Teil des Problems. Am heftigsten tobt der Streit naturgemäß dort, wo Legitimationsdiskurse immer schon die stärkste Währung waren: in der bildenden Kunst. Doch da die dortige schon seit längerem totale Öffnung bezüglich möglicher Gestaltungsmittel (die dieses Legitimitätsbegehren ihrerseits mitverursacht hat) inzwischen auch auf andere Kunstsparten übergegriffen hat und da das ökonomische Prinzip der bildenden Kunst – der Handel mit Einzelstücken oder kleinen Auflagen – zudem im Zuge der digitalen Krise reproduktionsbasierter Geschäftsmodelle längst auch andere, einst selbständige Künste zu schlucken im Begriff ist (vom Experimentalfilm bis zur Pop-Musik), kann diese Debatte durchaus als symptomatisch für die Gegenwartskünste überhaupt gelten.

Gehen wir dafür zunächst einmal davon aus, dass in den neuen politischen Künsten jene Elemente, die direkt auf politische Inhalte abzielen, mit jenen, die das Zustandekommen künstlerischer Aussagen und deren Medialität ästhetisch reflektieren (institutionelle Rolle, Finanzierung, nationale und Wirtschaftsstandort-Propaganda), durchweg in einem mehr oder weniger gelungenen Verhältnis von Einbettung, Umgebung oder Supplementarität stünden. Dann bliebe immer noch zu fragen, wie diese unterschiedlichen Welt- und Binnenwirkungen sich für die Rezipient_innen darstellen. Sind diese doch einerseits Teil der Welt, andererseits aber auch Teil derer, die am reflexiven Geländer der innerkünstlerischen Logiken entlang den Abgrund der Wirkung als Effekt erfahren. Und wenn sich die alte Frage, in welchem Verhältnis Erregung, Verführung und alle sonst noch überwältigungs- und manipulationsverdächtigen Effektformen zu den Momenten reflexiver ästhetischer Erfahrung stehen, schon für die indexikalen und nachpopulären Künste generell mit neuer Schärfe stellt, so tut sie dies dort, wo diese sich als konsequenziell politisch begreifen, nur umso mehr. Sollen die bislang entweder eingebetteten, billigend in Kauf genommenen oder ganz unwillkürlichen Wirklichkeitseffekte nun insgesamt steuerbar werden? Und das nicht allein, um diese – wie man es politischer Kunst früher oft vorgeworfen hat – zu instrumentalisieren, sondern um dem künstlerischen Plan die ganze Bandbreite von Wirkungen (wovon Aufklärung und Reflexion nur zwei neben vielen wären) zu überantworten?

Diese totalpolitische Wirkungsidee von Kunst (oder einer Handlung, die man an deren Stelle unternimmt) erscheint mir mit ihren Appellen an Dringlichkeit und ethische Verantwortung in mancher Hinsicht als Extremfall. Warum? Weil hier das stets als unheimlich, gewalttätig, sexy oder auch verunsichernd empfundene Moment von (Index-)Wirkung ungebrochen in eine Handlungslogik überführt wird, in der es Fremdheit gar nicht geben darf, womit auch die Heterogenität zwischen den Handlungssorten – auf der einen Seite technisch-mediales Zaubern/Schockieren, auf der anderen dagegen rational-argumentatives Überzeugen/Überreden, geplante Verführung/Rührung oder reflexionsästhetisches Verkomplizieren – zwangsläufig, nämlich aus berechtigter Angst vor Ambivalenzen in der politischen Wirkung, verdunkelt werden muss. Es ist, als ob gerade in einem von Denkfiguren der Subjektkritik durchzogenen Milieu plötzlich alle Zweifel an solcher Wirkungslenkung aufgehoben seien – ganz so, als wären die technisch-medialen Wirklichkeitseffekte nicht nur akzidentielle, tendenziell unplanbare Momente solchen Kunsthandelns, sondern als stünden sie diesem ohne weiteres zu Gebote, gleichsam als Tools gerechter Subjektivität.

Dieser Impetus, Konsequenz schlicht zu erzwingen, hat heute hohe Konjunktur. Entsprechend häufen sich Versuche, das »verfügbare Unverfügbare« der Index- und Personen-Effekte mit Kausalitäten aus jener vor-indexikalen Epoche zu kreuzen, als Künstlersubjekte ihre selbstgesteckten Ziele noch plangemäß erreichen (oder eben scheitern) konnten. Da die solchermaßen gleichzeitig gewollten Effekttypen jedoch aufgrund ihrer epochalen Ungleichzeitigkeit materialiter nicht integrierbar sind, obliegt ihre Symbiose nun einzig einem zuweilen frenetischen Heroismus des Mutes und der Überschreitung. Unlängst erschien eine Ausgabe von *Texte zur Kunst* zum Thema »Medien« – wozu ja die unaufhebbare Dialektik von auratisierter Spur, Verursachung und Verlebendigung einerseits und Objektivität bzw. Totheit alles Medialen andererseits gehört. In der betreffenden Nummer werden nun gleich zwei Autoren – nämlich Paul B. Preciado und Armen Avanessian – dafür gelobt, dass sie die Kluft zwischen Denken und Handeln, Reflexion und Leben überbrückten, ja aufhöben. Ungeachtet aller sonstigen Kritik an ihren Positionen wird ihnen die Ungeduld zugutegehalten, mit der sie – namentlich Preciado – beim Risiko persönlicher Nachteile die Konsequenz ihrer Überzeugung lebten.[66] Wird dadurch aber nicht ein entscheidender Vorteil preisgegeben, den die Position des Denkens und der Kunst traditionell gewähren? Oder etwas zugespitzt: Ist nicht der einzige Mensch, der in der Wahrheit lebt, der Salonbolschewik? Er genießt die Privilegien der Herrschenden, ohne deshalb ihre Überzeugungen zu teilen – und ist somit als Einziger nicht korrupt. Der Preis dafür ist freilich, dass er seine Überzeugungen nicht lebt. Dafür muss er sie jedoch auch nicht nach seinen Interessen ausrichten. Gerade seine kulinarische Korruptheit bürgt für seine intellektuelle Integrität. Wer seine

66 Vgl. Martin Saar, »Gegen Kritik? Über *Überschrift. Ethik des Wissens – Poetik der Existenz* von Armen Avanessian«, sowie Daniel Loick, »General Sex. Über *Testo Junkie* von Paul B. Preciado«, beide in: *Texte zur Kunst*, Nr. 98 (Juni 2015), S. 81 resp. S. 86.

Überzeugungen dagegen nur als selbstgelebte denken kann, muss sie entweder nach seinen Möglichkeiten, Fähigkeiten und Interessen ausrichten oder sich opfern. Anders als die Bewohner der Factory oder die wenigen guten Rock- und Performance-Stars kann er sich nicht einfach seinen Verursachungseffekten unterwerfen, sondern muss die Verursachung wieder in den Dienst des guten Willens stellen.

Dabei indiziert die jüngste Konjunktur der Überzeugungsunmittelbarkeit nicht einmal notwendig eine Wiederkehr des ethischen Rigorismus, sondern vielmehr zwei einander verstärkende Erfahrungen der Gegenwartskultur: zum einen die Direktheit und Geschwindigkeit der Beeinflussung von Körpern, Affekten und Zuständen durch Drogen, Gadgets und die hier beschriebenen Künste der Verursachung; und zum anderen das Gefühl des postdemokratischen Entgleitens jeglicher politischer Einflussmöglichkeit. Hieraus rührt auch die Einschätzung, dass vom einstigen Salonbolschewiken nichts anderes geblieben sei als ein zynischer Untertan der Gegenwart, ein Ästhetizist, der um die Unhaltbarkeit der Zustände zwar wisse, daraus aber nichts folgen lasse – jedenfalls solange sein persönlicher Wohlstand (und damit die Bedingung seines privilegierten Ästhetizismus) nicht gefährdet sei. Angesichts solch eskapistischen Verrats wachse der politischen Kunst nur umso dringlicher das Mandat politischen Handelns zu – und zwar nicht mehr bloß als kompensatorisches oder homöostatisches Regulativ einer unerträglichen politischen Realität, sondern als Wiederherstellung von Handlungspotentialität per se. Scheint Handlung doch inzwischen generell und permanent – ob mediatisiert oder ›real‹ (d. h. beim Sport, beim Konsum von Pharmazeutika, gesunden oder ungesunden Lebensmitteln, Drogen etc.) – nicht mehr von politischer oder generell prämedialer Planung, Konstruktion oder Gestaltung bestimmt, sondern einzig von der Logik der Verursachung – als seien die Disziplinen des Subjekts einer Disziplin der Wirkungen gewichen. Doch damit steigt, solange wir selbst subjektiv organisiert bleiben, notwendig unsere subjektive Ungeduld, die dafür nicht einmal mehr einen Eindruck von der realpolitischen (Un-)Möglichkeit zum Handeln braucht.

Analog zum Begriff des Salonbolschewiken kann dann auch der des Salonkünstlers – als eines unkorrupten Parasiten der allgemeinen Korruption – nicht mehr funktionieren. Braucht die winzige Klasse superreicher Globalisierungsprofiteure als Verhandlungsort für ihre zu Spekulationsobjekten regredierten Kunstwaren doch inzwischen statt Salons bloß noch Container, statt Kunstfreiheit nur Zollfreiheit. Entsprechend sind die einzigen Künstler_innen, die neben den projektorientierten, sich von Stipendium zu Stipendium hangelnden Prekären noch existieren, die Unternehmer in eigener Sache. Letztere sind auch die Einzigen, die sich die kreativen Verzögerungsmomente, den reflexionsfördernden Aufschub und die intellektuell stimulierende Mittelbarkeit, die mit dem bohemistischen Lebensmodell einst allgemein verbunden waren, heute noch leisten können – wenngleich auch nur dadurch, dass sie sich (mehr oder weniger) angestellte Assistenten halten, die die Produktion organisieren und namenlos die Drecksarbeit erledigen. Für alle anderen gilt dagegen: Eure Ungeduld ist schlecht, doch alternativlos. Sie kommt von einer Energie und einem naturalisierten Eindruck direkter Wirkung, die mit den Lebensverhältnissen, die sie bekämpfen wollen, beinahe kurzschlüssig zusammenhängen. Denn tatsächlich lassen sich die Dringlichkeit der Existenzsicherung und die des Aufstands vielfach kaum mehr unterscheiden – und das ist nicht polemisch gemeint. Schließlich bleibt einem ja gar nichts anderes übrig als der verzweiflungsoptimistische Glaube an Effekte und Verursachung, obwohl und eben weil diese ohnehin das ganze Feld bestimmen. Auf ihrer letzten Stufe mündet die Verzweiflung dann folgerichtig in den Wunsch, die Medien durch einen performativen Direkteingriff verschwinden zu machen. Feuer ohne Rauch und Zeichen. Burn, Baby, Burn! Dieser in der aktuellen Kunstwelt allgegenwärtigen Legitimierungsrede von der Urgency entgeht allerdings, dass gerade das Dringende und Drängende gesellschaftlicher Zuspitzung eine angemessene künstlerische Antwort weder im Gehorsam gegenüber der Handlungsverpflichtung noch in deren Ignorieren finden kann. Stattdessen wäre gerade das Verhältnis, also die Spannung aus Nicht-handeln-Können und Handeln-Müssen, das Medium künstlerischer Handlung.

Eine Variante jenes Verzweiflungsoptimismus sind die relationalen und partizipativen Formate, die ihre Wirkungen nicht zentral per Überschreitung anstreben, sondern das Publikum emanzipieren und/oder selber ausstellen wollen. Manches bleibt dabei weitgehend im gemütlichen Fahrwasser alt-BRD-sozialdemokratischer Kultur-für-alle-Forderungen. Anderes exemplifiziert eher schon (mehr oder weniger bewusst) das neoliberale Nudging im Zuge eines kybernetischen Kundenkarten- und Bewerten-Sie-Ihren-Einkauf-Behaviorismus. Doch bisweilen gelingen dort auch riskante und sozial bedeutsame Aktionen (etwa Schlingensiefs Wiener Container). Indes zeugen selbst die gelungenen Fälle vielfach von jenem Irrglauben, wonach die überraschenden, attraktiven und durchdringenden Kunst-Effekte rein gesellschaftliche und politische Produktionen seien – eine Verkennung, zu deren Aufrechterhaltung die technisch-mediale Seite (oder deren seltsam ergänzende Real-Performance oder -Inszenierungsvariante) ausgeblendet werden muss. Diese Fehleinschätzung wiederum schürt den ersehnten Glauben, Kunst könne aus sich heraus auch äußere gesellschaftliche Realitäten bestimmen und verändern. Immerhin scheint die Logik der Verursachung das sonst so stählerne Gehäuse des Politischen ja umstandslos zu sprengen.

In angemessen (selbst-)heroisierendem Ton wird solch totale Kunstwirkung denn auch als Programm verkündet – etwa von Thomas Hirschhorn, dem vielleicht prominentesten unter den neueren interventionistischen Künstlern.[67] Im Gegensatz zu anderen Aktivisten, bei denen alle künstlerischen Strategien erklärtermaßen dem Politischen dienen, zeigt er sich von einer genuinen Kraft der Kunst überzeugt, deren Wirkungsradius die verbauten gesellschaftlichen Handlungsmöglichkeiten gewissermaßen transzendiert. Und gleich ob im öffentlichen oder musealen Raum, ist die Kunstwelt von seinen Installationen begeistert, besonders deren progressivere Vertreter von der Kunsthistoriker-Gruppe um die Zeitschrift *October* bis zu den Kurator_innen der letzten documenten oder neuerer Europa-Biennalen. Hirschhorns dreidimensionale Collagen arbeiten mit einer wiedererkennbaren Verknüpfungssprache: Breites, braunes Klebeband hält alles erkennbar ›notdürftig‹ wie zugleich kunstvoll zusammen. Thematisch zelebrieren die Arbeiten eine Ästhetik des Schreckens, die viele Parallelen zur Industrial-Kultur aufweist. Geballert wird mit photographischen Effekten des Entsetzens, zerstörten und zerstückelten Körpern, Opfern von Gemetzeln aller Art, von Terror und Bandenmassakern bis zu Bomben- und Infanteriekriegen. So bleibt das Entsetzen auf der Ebene des Effekts und wird kaum kontextualisiert. Wenn überhaupt, dann bloß mit allgemeinen Zitaten bewunderter Denker der Marke Badiou und Bataille, nicht aber im Bildraum selbst. Dort regieren die Addition der Drastik und die Drastik der Addition, wodurch die mit der Individualitätserwartung eigentlich verbundene Empathie des Punctums ausdrücklich verhindert wird.[68]

67 Etwa: »This exhibition shows that everything is possible; that was its purpose. I said to myself: With my work I do what *I* want. I have no doubt that it's possible«, in: Lisa Lee/Hal Foster (Hg.), *Critical Laboratory. The Writings of Thomas Hirschhorn*, Cambridge (MA): October Books/The MIT Press 2012, S. 161.

68 Dies wäre eventuell als Aggression gegen einen gewissen Punctum-Kitsch zu deuten und zu verteidigen. Doch ich fürchte, dass hier eher dessen Steigerung gewollt ist.

Dagegen sind Hirschhorns öffentliche Installationen sehr offene und informelle Versuchsanordnungen. Der Gestus der Wirkungserzwingung weicht hier einer möglichst breiten, einladenden Öffnung ins Soziale, Kommunale: In urbanen Problemzonen wie den Pariser Banlieues, der New Yorker Bronx oder auch in Kassel werden temporäre Begegnungsstätten errichtet und mit Veranstaltungsprogrammen bespielt. Dabei mischt sich die Einsicht in die mangelnde Übertragbarkeit der Verursachungslogik auf soziale Praktiken paradox mit einem unbedingten Glauben an Verursachung. Markant ist daran, dass hier nicht ein technischer Effekt, dem Kunst dann einen Kontext zuweisen würde, sondern die Kunst selbst analog zur technischen Kausalität verstanden wird.

Das bietet en passant Gelegenheit zu einer Kritik, um die es hier freilich nur am Rande geht: Aus meiner Sicht nämlich greift Kunst mit Partizipanten und/oder Statisten so gut wie nie ernsthaft in jene Verhältnisse ein, mit deren Opfern oder Repräsentanten sie arbeitet. Stattdessen beutet sie bloß die Lebendigkeitseffekte unprofessioneller Performer aus, sofern sie dem Liveness-Begehren der jeweils dokumentierenden Medien entsprechen. Jenseits dieses Exploitation-Einwands geht es mir jedoch vor allem darum, die Symptomatik dessen aufzuzeigen, was in der zeitgenössischen politischen Real- und Sozialkunst im Zuge einer ebenso allgegenwärtigen wie kaum je explizit begriffenen Effektlogik indexikaler Medien und deren inszenatorischer Überbietung und Erweiterung entsteht. Ist doch gerade das Politische letztendlich ein Segment, wo solche Verursachungslogik weder funktionieren kann noch sollte, kein gutes Terrain für ›Tat‹ und ›Ansteckung‹. Natürlich ist Politisches von hier aus adressierbar, aber in dem Moment, wo künstlerisches Handeln qua Logik der Verursachung selbst eine soziale Welt organisieren will, entsteht ein ernsthaftes Problem: Erfordert jegliche Politik doch *unvergleichlich viel mehr* Zeit als selbst das ausgedehnteste Duration Piece (John Cages 639 Jahre langes Orgelstück in Halberstadt mal ausgenommen). Mithin funktionieren Index-temporale Interventionen ins Soziale nicht nur situativ, sondern ganz prinzipiell immer auf Kosten derer, die vor und nach dem Kunstevent jenseits des Spotlights sind. Und bleiben.

Gegenwartskulturen der Aggression und Verführung: HipHop, Metal, Pornographie

Zur Gegenprobe sollten wir durchaus auch einmal dorthin blicken, wo die hier diskutierten medialen Praktiken bereits eigene Genrekontinuitäten ausgebildet haben. Wenn schon nicht unbedingt beim Durchstoßen zur Politik, so doch in der Schaffung von sozialen Milieus, wo die Verursachungslogik nicht nur künstlerische Produktion und Rezeption, sondern auch langfristige soziale Effekte zeitigt. Dass diese oft bloß Freizeitwelten generieren, ist dabei kein Einwand. Schließlich bilden gerade sie derzeit den größten kulturellen Wachstumsmarkt. Unter den vielen hier zu nennenden Segmenten scheinen mir drei besonders einschlägig: Heavy Metal, HipHop und Pornographie. Alle drei sind um Index-Effekte aufgebaut und zählen zu jenem Bereich, der einst den populären und industriellen Künsten zugerechnet wurde. Alle sind sie zudem gleichzeitig Dementi wie auch Steigerung dessen, was die Massenkultur im Gegensatz zur Kunst traditionell bestimmen soll. Und für viele Gegenwartskünstler macht gerade diese Ambiguität sie zur Herausforderung.

Natürlich fallen hier zunächst gravierende Unterschiede auf: Heavy Metal ist ein (Pop-)Musik-Genre, HipHop ein Konglomerat, das mit seinen drei Kerndisziplinen Rap, Graffiti und Breakdancing verschiedene Medien umfasst, und Pornographie eine photographisch-filmische Kulturindustrie mit kunstambitionierten Rändern. Auch ihrer Entstehung nach sind sie ziemlich unterschiedlich: Denn während sich die Geschichte der Pornographie am ehesten anhand ihrer medientechnischen Einschnitte bzw. Innovationen periodisieren (und ihr Ursprung sich wohl bis in die Frühzeit menschlicher Überlieferung zurückverfolgen) lässt, datieren Heavy Metal und HipHop vergleichsweise präzise: Ersterer zwischen 1964 und 1970 (konkret zwischen *You Really Got Me* von den Kinks und *Led Zeppelin II* bzw. dem gleichnamigen LP-Debüt von Black Sabbath), Letzterer dagegen in den späten 1970er Jahren. Und obwohl alle drei Genres mit der Zeit zahlreiche Filiationen ausbilden, sticht Heavy Metal doch insofern hervor, als hier ein scheinbar unentwirrbares und immerfort weiterwucherndes Geflecht von Sub- und Nachfolgegenres evolviert ist, deren Klassifizierung und Determinierung mittlerweile der Umzäunung von Parzellen in der Wüste gleichkommt. Gemeinsam ist allen drei Genres jedoch, dass sie dort, wo sie künstlerisch behandelt und damit tendenziell selbstreflexiv wurden, auch intern relativ präzise Abstraktionen ihrer spezifischen Wirkungen, Index-Effekte und anderer Übergänge zwischen Kunst und Welt formuliert haben.

Beginnen wir beim Heavy Metal: Dieser wird von außen oft anhand seiner Semantik (Texte, Albumcover, Kostüme, Bühnenaufbau) sowie des Habitus seiner Fans als kindisch, abergläubisch, eskapistisch, schwachsinnig, teils auch faschistoid und gemeingefährlich interpretiert. Unabhängig von der fallweisen Berechtigung solcher Diagnosen basieren sie meist nicht nur auf der arroganten Ahnungslosigkeit Außenstehender, sondern bleiben auch strukturell verkürzt, weil sie die sonische Eigenart von Metal ignorieren, eine physische Erfahrungsqualität, die den Körper – jenseits jeglicher Semantik – nicht nur auditiv, sondern auch viszeral erfasst. Metal verbindet seine Live-Zuhörer in ähnlich unbestimmt-bestimmter Art wie das Wasser eines Schwimmbeckens die darin Badenden. Als affektives Fluidum kann er warm, kalt, brodelnd oder drückend wirken, kann eher für kurzes Eintauchen oder für ausgedehnte Schwimmeinheiten sinnvoll sein. Umgekehrt lässt sich nicht leugnen, dass diese Körpererfahrung natürlich auch mit ganz bestimmten Inhalten verknüpft wird. Doch anders als im Mainstreamkino, wo die Index-Effekte die Inhalte weitgehend unsichtbar haben werden lassen, passiert bei Metal eher das Gegenteil: Hier sorgt der vibrierende, kreischende oder tief brummende, heftig perkussiv punktierte Krach eher für die Empfindung eines Realwerdens der phantasierten Inhalte als für die Demarkierung der physischen Reize und Effekte.

Damit würde Metal gewissermaßen zur sekundären künstlerisch-kulturindustriellen Erscheinung. Denn anders als bei der im ersten Teil erwähnten Entwicklung von der Jahrmarktkultur zur Kulturindustrie wird hier nicht eine medial neue Effekt- und Reizverschaltung nach und nach in alte Fiktionen und Plotstrukturen eingebettet, so dass am Ende eine medientechnisch aufgepimpte Narration nach alter Art (Phänotyp: *Star Wars*) steht. Vielmehr bürgt die unbestreitbare physische Realität des Lärms für die Realität der irren Fantasy-Kultur, die sich mit ihr verbindet. Dieser Konnex ist aber sehr viel lockerer als aus der Welt des linearen Erzählens gewohnt. Im Gegensatz zum Fantasy-Buch bzw. -Film gibt es hier nämlich keine notwendigen Verbindungen von stofflichem Gehalt und narrativem Inhalt, sondern nur mehr oder weniger wahrscheinliche, letztlich aber idiosynkratisch-zufällige und damit freie Assoziierungen zwischen Riffs und Beats auf der einen und bestimmten Phantasien auf der anderen Seite. Deshalb kann man aus dieser semantischen Verknüpfungsspur auch leicht mal aussteigen. Nicht dagegen aus dem Schwimmbad.

Erstaunlicherweise kann man nicht nur bei Metal, sondern auch bei anderen auf viszeralen Reizen aufbauenden Musikkulturen erleben, dass die Trennung dieses Reizes von konventionellen musikalischen Abläufen, von Architekturen der Sequenz und der Linearität, zunehmend eigenständige Spätformen bzw. kunstnahe Ableger hervorbringt. Und immer oszillieren diese in der Deutung zwischen selbstreflexiver Abstrahierung und fetischistischer Übersteigerung. So etwa bei Doommetalbands, die auf zwei Bässen stundenlang einen Akkord zum Brummen bringen – wobei auch das genrespezifische Brimborium wie seine eigene Metaebene erscheint: zwei Gestalten in Kapuzenumhängen, deren Umrisse zwischen Trockeneisnebelkaskaden immer nur kurz sichtbar werden. Doch was hier auf den Galeriebesucher wirken mag wie eine Abstraktion der Abstraktion von Black Sabbath, ließe sich genauso auch als Strategie des radikalen Fetischismus sehen, die sagt: Wir stellen diesen Reiz nicht etwa deshalb aus, weil wir ihn (zum Beispiel auch in seinen ideologischen Kontaminationen mit einer regressiven Troll- und Elfenwelt) *verstehen* wollen, sondern um ihn zu *steigern*. Auch hier zeigt sich die genealogische wie strukturelle Verbindung zu den Drones der Minimal Music und anderen Strategien der frühen 1960er und ihrer prinzipiellen Ambiguität.

Bei der zentralen Disziplin des HipHop, dem Rapping, scheint solche abstraktive Abtrennung von der Semantik zunächst ganz undenkbar. Zu sehr hängt hier alles an der Sprache, zu eindeutig fällt die Genese der Rap-Musik substanziell mit der Emanzipation des Textvortrags vom musikalischen Primat in Jazz, Soul, Funk und Disco zusammen – als Versuch, das Sprechen in den Mittelpunkt der Performance zu rücken. Indes sind Sprechen und Semantik bekanntermaßen nicht identisch – und tatsächlich wäre es im Fall der allermeisten Rap-Texte eine Überanstrengung bzw. Desavouierung, wollte man sie primär nach ihren Inhalten analysieren bzw. bewerten. Denn nur sehr selten geht es dort darum, sich inhaltlich zu unterscheiden, sondern allenfalls darum, einer Form und einem Subgenre zu entsprechen, um so das eigentlich Entscheidende performen zu können, nämlich die

Durchsetzungskraft und allgemeine Kompetenz, wo nicht Potenz, einer konkreten Person. Natürlich ist diese Person (in konstitutiver Dialektik zu ihren formelhaften ›Realness‹-Beteuerungen) bereits durch die Personenherbeizauberungsstile und -regeln der zeitgenössischen Bildmedienkultur präformiert. Umso interessanter ist der Vergleich zu den von Stefan Brecht geschilderten, ja ebenfalls medial konstituierten f. p.s, den sich qua Übergriff befreienden Männern der 1960er Jahre. Denn während der Spiegeleffekt der Kamera als Ermächtigungstechnik dort eher ›Merkmale der Persönlichkeit‹, (scheinbar) freies Behavior, starrende Blicke, Gewaltausbrüche, Gelächter und allgemeine Regellosigkeit hervorlockte, so ist es beim HipHop eine Mischung aus alternativer Konformität und neo-traditioneller Männlichkeit mit großem Druck zur Beherrschung von Routinen und Disziplinen wie Reimen, Schlagfertigkeit, Tanzen, Synchronität etc.

Die eher rhetorische als poetische Sprachpraxis des HipHop wurzelt in den zuvor bereits erwähnten US-Entwicklungen seit den frühen 60ern. Dort mischen sich der Einfluss von Personen wie Lenny Bruce, das uneigentliche Sprechen in der afroamerikanischen Tradition des Signifyin(g), die Wort-als-Waffe-Konzeption der sekundär oralen Kultur[69] und die US-Fernsehkultur mit ihren um Schlagfertigkeit kreisenden Sitcoms. Diese Gemengelage schafft den Rahmen, in dem Genres wie HipHop oder auch die ultraschnellen, aktuellen Sitcom-Formate evolvieren können, Genres, in denen Sprechen immerfort als transformativ und kompetitiv auf (Nah-)Ziele gerichteter Akt präsentiert und trainiert wird. Demgegenüber funktioniert die Musik im HipHop längst als White Cube, als nominelle Differenz zu den realen Battles des Alltags – mit dem Effekt, dass dies auf der einen Seite, nämlich an dessen künstlerischer Spitze, kunstreich reflektiert wird, während die

69 Vgl. Ong, *Oralität und Literarität*, S. 136f.

Pragmatik der Rap-Rhetorik auf der anderen Seite oft unklar und der Übergang zum Alltag fließend bleibt. So oder so ist es jedoch bezeichnend, dass Rap eben nicht über seine in der Regel kaum verstandene Semantik zur globalen Sprache wurde, sondern erst durch die von MTV (und später YouTube) verbreiteten Bilder der performenden Körper inklusive ihrer Accessoires und Gestik. Korrespondierend dazu konnte HipHop auch sein Live-Format erst finden, als sein Sprechen amtlich abgefilmt war.

Die dritte und letzte unserer Drastikkulturen des kulturell gerahmten Übergriffs, die Pornographie, blieb lange Zeit eher unbedeutend. Auch hier war es Andy Warhol, der das Genre – stets auf der Jagd nach Rahmenminimierung – für die Kunst entdeckte und mit seinem *Blue Movie* (1969) vielerorts den ersten Hardcorefilm in reguläre Kinos brachte. Indem der gefilmte Porno rituell auf der Sichtbarkeit von Körperflüssigkeit als Siegel seiner Authentizität beharrt, vollendet er das Paradox der Index-Kunst: Hier gibt es das begehrte Echte, doch nur um den Preis der Medialität. Erst die Aufzeichnung zertifiziert es als authentisch. Die visuelle Strategie des Standardpornofilms entspricht dem dahingehend, dass die potente Indexikalität des Sexuellen dort als Stationendrama, als Parcours von zu erbringenden Leistungen und Resultaten inszeniert wird. Damit fügt sie sich in (und verstärkt real) das, was die postfordistische, auf Training, Technik und Kontrolle bauende Selbstverwirklichungsarbeit generell einfordert. Dem steht die Befreiungsidee des gleichwohl deutlich selteneren Orgienfilms gegenüber, der die Narration des Spielfilms, statt sie auf ein sexuelles Zirkeltraining einzudampfen, lieber gleich komplett streicht und an deren Stelle eine Art utopische Anti-Narration ohne Erstverursachung installiert.

Mit der Diversifizierung und Diskursivierung, die Sexualität im Allgemeinen und vor allem sexuelle Skripts jenseits von Heteronormativität in neuerer Zeit erlebt haben, haben sich auch die pornographischen und para-pornographischen Kulturpraktiken jenseits der Pornoindustrie enorm vermehrt. Pornographie wird dabei einerseits als normierendes Regime erlebt und kritisiert, andererseits bietet es nun selbst Mittel zum Widerstand. Doch wenn einer belgischen Studie zufolge neun von zehn Männern auf ein pornographisches Bild nur dann masturbieren können, wenn sie glauben, es handele sich um ein Photo (unabhängig davon, ob es eines ist), dann tobt hier offenbar ein Kampf von Index gegen Index – ein Kampf, der in mancher Hinsicht das Schicksal der nachpopulären Kunst im Ganzen spiegelt. Denn die zuvor erwähnte Ungeduld der Index-Politik-Künstler ist auch die Ungeduld der Pornographie.

Als industrieller Endzustand der Übergriffigkeit und des widersprüchlichen Realismus einer technischen Aufzeichnungspraxis pointiert die Pornographie die generelle Ausweglosigkeit jener Strategien, die allein von solchen Mitteln zehren. Selbst der wohlmeinendste Sozial-Dokumentarist steht immer in Gefahr, als Lieferant von ›Elendspornos‹ gesehen und verwertet zu werden. Die Beobachtung, Dokumentation und Installation als primäre Verursachung von unsouveräner, ›postsubjektiver‹, spielerischer, absorbierter menschlicher Körperlichkeit und zumal Sexualität ist auch durch geänderte Kontexte, Umwidmungen oder Neuanfänge nicht mehr aus ihrer Determination als Faktor einer mit Stimulanztools (Porno, Drogen, Medikamente) arbeitenden Herrschaft herauszulösen. Damit begründen viele ihre Abkehr von medialen hin zu den scheinbar unkontaminierten, weil direkten Eingriffen, zu einer Greenpeace-Ästhetik des Sich-Ankettens und anderer Formen forcierter Selbstverwicklung. Freilich hängt auch deren Wirkung an den sie bezeugenden Bildern.

Vibration und Perforation oder ein lateraler Index: Kollektive und gemeinschaftliche Produktionen

Im ersten Teil haben wir das Wesentliche an den Index-Effekt-basierten Künsten als nichtsequenziell, doch konsequenziell beschrieben, als momentane Durchbohrung konträr zur Linearität des Textes oder der immersiven Linearität von narrativen Bildsequenzen. Dabei ist die Metapher der Durchbohrung insofern unvollständig, als es neben dem Fall, dass etwas bei stabiler Rahmung momentan als perforierend, als Stich durch die Membran erlebt wird, auch den gibt, dass das Stechen – wie beim Drone und bei anderen Dauer-Effekten – gleichsam anhält und eine verwandte Erfahrung zeitigt, nämlich die Vibration.

Sie kann auf verschiedensten Feldern auftreten, bei kollektiver Improvisation genauso wie in psychedelischer Musik, in der Op-Art oder als Index von Maschinenhaftigkeit. Dass sie rein viszeral erfahren und genossen wird (wie in der Rede von den guten Vibrationen – oder der Erzählung des gleichnamigen Songs, der ihr Rätselhaftes von dem rätselhaften Zauberinstrument Theremin darstellen lässt), macht sie besonders schwer codierbar, wie Gespräche über Metal, Drone oder Minimalismus regelmäßig zeigen. So ist die Vibration gewissermaßen das andere Gesicht der Verursachungsästhetik. Ihr Clou ist die kollektive, durch viele Körper hindurchgehende Resonanz, metaphorisch wie tatsächlich;[70] ihre Crux dagegen ihre Unbestimmtheit und Ungerichtetheit. Sie kennt nur wenige distinkte Figuren – wie teils bereits gesehen: Drone, Steigerung, Aushalten, Versinken, Masochismus.

Hält man die so beschriebene Vibrationsästhetik neben

70 Der Name einer vom Drone-Minimalismus ebenso wie von irregulärer Hippie-Improv-Ästhetik beeinflussten britischen Band bringt es auf den Punkt: Vibracathedral Orchestra.

den punktuellen, perforierenden Index, wird deutlich, dass die Logik der Verursachung nicht nur vorwärts – also von der Welt ins bezeugende Medium und von dort zur Rührung oder Erregung der Rezipient_innen – marschiert, sondern auch Seitenflanken hat: zum einen die anderen Zeichensorten, die – wie Ikon und Symbol – für Kontext, Inhalt, Deutung und Reflexion sorgen; und zum anderen, gerade bei der Übertragung von Personen, natürlich die anderen Verursacher, die Ko-Existenzen, Mitspieler, Einbezogenen, imaginären und echten Nachbarn bei kollektiven Erfahrungen. Sie alle lesen die Geräusche, Gerüche und visuellen Signale um sich herum als Zeichen der anderen Anwesenden, die fortwährend auch die Gewebe der anderen Zeichentypen, die Narrationen, Bildlichkeiten usf. durchstoßen.

Bewegte sich die New Yorker Downtown-Szene um 1960 – wie gesehen – zwischen den Polen Word Pieces und kollektive Drone-Performance, so entwickelte sich währenddessen anderswo in den USA, parallel aber auch in Italien, Großbritannien, Frankreich, Japan oder Deutschland, eine neue, über den Jazz hinausweisende Art von Improvisation. Bei dieser Form von »spontaner Komposition« – wie die hier bahnbrechende Gruppo Di Improvvisazione Nuova Consonanza um Ennio Morricone, Franco Evangelisti, Roland Kayn u. a. sie nannte – soll das Voranschreiten der Musik rein aus der jeweiligen sozialen Situation zwischen den Musikern folgen. Verursachter Klang und verursachende Musiker sollen in bruchloser Kontinuität wechselseitig weitere Verursachungen verursachen, anstatt sich mit dem stillen Schlucken im Abgrund der Publikumserbauung zu begnügen. Noch einen Schritt weiter ging das Ende der 1960er Jahre gegründete Scratch Orchestra. Dessen Initiator Cornelius Cardew hatte sich zuvor bereits mit komplett ergebnisoffenen graphischen Partituren beschäftigt (vgl. vor allem *Treatise*) und danach kurz mit dem freien Improvisationsensemble AMM gearbeitet. Im Scratch Orchestra finden nun Laien und Ausgebildete in großer Zahl zusammen und beschäftigen sich mit Kompositionen oder auch abstrakteren, auf konfuzianische Pädagogik aufbauenden Settings zur Gemeinschaftsarbeit. Neben perkussiven Instrumenten kommen dabei vor allem Gesang und die vokale Imitation von Naturphänomenen zum Einsatz. Das Scratch Orchestra besteht mehrere Jahre; zeitweilig sind über fünfzig Personen daran beteiligt, die teils auch zusammenleben. Eine kurzfristige Dozentur Cardews an der University of Portsmouth bringt auch das Orchester dorthin, wo das Prinzip des avantgardistischen Laienorchesters auch nach Cardews Rückzug aus dem Scratch Orchestra (infolge seiner Konversion zum Maoismus) fortgesetzt wird, am spektakulärsten in Gavin Bryars' Portsmouth Sinfonia.

Was all diese Gruppen von prä-indexikalen sozialen Organisationsformen musikalischer Arbeitsteilung wie dem hierarchisch geordneten Orchester bzw. Filmstudio oder der auf Absprache und Verabredung basierenden Band unterscheidet, ist die maßgebliche Rolle lateraler Ansteckung als Wirkungsdimension. Vor allem die Chorpartien bei Cardew zielen darauf ab, Verursacher und Verursachtes physisch nicht voneinander zu trennen – wie es auch das Theatre of Eternal Music für sich proklamiert hat. Chöre stehen als Generatoren ansteckender Gemeinschaftserfahrung auch am Ursprung der Soul-Culture und ihrer Ausprägungen von Intensität und Zeugenschaft (speaking in tongues, Zungenreden). Und nicht zufällig erleben sie in allerlei Theater- und Performance-Formaten derzeit eine kuriose Wiederkehr. Besonders beliebt: der Beschwerdechor.

Das Speaking in tongues der afro-baptistischen Gottesdienste ähnelt einem gewissen Jodeln, das zum sonischen Erkennungszeichen des Free-Jazz-Saxophonisten Albert Ayler wurde. Ayler gehört zu jenen Schülern Coltranes, deren zentraler musikalischer Wert die ›Vibration‹ ist. Diese wiederum versteht sich als Erweiterung der alten Jazz-Kategorie des Swing. Letzterer ist zunächst ein technischer Begriff für synkopierte Beats mit einer gewissen Unbestimmtheit der Akzentsetzung, wobei die wechselseitige intuitive Gleichtaktung von Musikern und Publikum anders tariert wird als bei traditioneller komponierter Musik. Zugleich ist Swing aber auch eine Wertkategorie: Dass ›etwas swingt‹, meint dann ungefähr so viel, wie dass es funktioniert bzw. richtig läuft. Im metrisch ungebundenen bzw. polyrhythmischen Free Jazz wird die Ansteckungsästhetik des Swing nun von einer der Vibration ersetzt, einem perkussiven Pulsieren, irisierenden Arpeggios, kontinuierlichem An- und Abschwellen sowie – vor allem bei den nun nicht mehr Solo-Chorus-fixierten Blasinstrumenten – oft an Naturphänomenen orientierten Flirr-Effekten. Gemeinsam sorgt all das für eine inkludierende Gemeinschaft ohne Außen.

Allerdings zeigen die genannten Beispiele auch, dass all diese Ästhetiken – so öffnend, ermächtigend, politisch signifikant, ja revolutionär sie bisweilen de facto wirkten – keine spezifischen Inhalte begünstigen. Noch nicht einmal geben sie der Gemeinschaft, die sie stiften, notwendig eine bestimmte Richtung. Das gilt selbst für das Sun Ra Arkestra mit seiner afrofuturistischen Ästhetik. Ist es doch nicht nur, wie schon oft hervorgehoben, ein Musterbeispiel eines kollektiven Gesamtkunstwerks, sondern zugleich auch – anders als Kommunisten wie Archie Shepp oder Amiri Baraka es damals und die in großer Zahl nachgewachsenen Fans späterer Generationen bis heute wissen wollten respektive wollen – eine patriarchal-hierarchische Organisation. Auch garantiert Sun Ras teils humoristisch weiser, teils paradoxal entworfener Privatmythos von einer afrikanischen Bevölkerung, die eigentlich aus der Zukunft und von fernen Planeten stammt, jedoch in den irdischen USA nur als Projektion der herrschenden weißen Erdbevölkerung erscheint, keineswegs von vornherein, dass auch die Kollektivität des Sounds so (meta-)emanzipatorisch organisiert wäre. Dennoch markiert diese Version der sozialen Skulptur des Free Jazz mit ihrer Ansteckungsästhetik eine Option, wie man über die Nachbarn des Index seine Wirkung maximieren und bis zu einem gewissen Grad steuern, wenn auch nicht diskursiv determinieren kann.

Rezeptionsgemeinschaften und ihre Produktionen

Klassische Ästhetiken hatten meist eine Gesellschaft oder auch nur Geselligkeit im Auge, in die hinein die individuelle ästhetische Erfahrung zurückgespeist werden konnte und sollte. Etwas zugespitzt ließe sich die Hochzeit bürgerlicher Ästhetik so als eine Dialektik von Subjektivierung und Entsubjektivierung beschreiben, welche die Égalité aller an der Kunsterfahrung und am darauffolgenden Kunstgespräch partizipierenden Bürger zugleich voraussetzt wie beglaubigt. Das impliziert freilich nicht nur das Zugelassensein zur Kunsterfahrung selbst, sondern auch die Fähigkeit zum gleichberechtigten Diskurs. Mehr noch als die immer schon ungleichen (Bildungs-)Voraussetzungen der Klassengesellschaften tragen inzwischen aber die scheinbar entgegengesetzten Erlebnis- und Selbstverwirklichungsimperative der Gegenwart zum Eindruck einer Karikatur dieser Idee bei. Doch sind die von den beschriebenen Index-Kunst-Szenen getragenen Gemeinschaftsbildungen, von denen hier die Rede ist, weder mit dem Ideal der bürgerlichen Kunstdialektik noch als deren Karikatur adäquat zu beschreiben. Auch hier besteht ein Zusammenhang zwischen der Struktur ästhetischer Erfahrung einerseits und dem, was sich die Index-Kunst-sozialisierten Individuen in den betreffenden Milieus als erstrebenswerte Gemeinschaftlichkeit, Geselligkeit und eben auch Gesellschaft vorstellen, andererseits. Indes läuft beider Vermittlung – wie gesagt – nicht über das Kunstgespräch, sondern über aktiv-passive Erfahrungen bzw. Interaktionen im

Inneren der künstlerischen Praxis selbst, als Körperwirkung, Ansteckung oder Vibration, in jedem Fall jedoch als Folge der Lebendigkeit des Anderen. Aus diesem neuen Erfahrungskern entwickeln sich – ebenfalls seit den 1960ern – zwei andere kulturelle Organisationsformen, die zuvor weitgehend unbekannt und in ihren Ursprüngen weder der alten Hochkultur noch der Kulturindustrie zuzuordnen sind: die Selbstorganisation sowie das Festival.

Fast alle der hier bislang erwähnten Personen und Bewegungen haben sich um selbstorganisierte Strukturen bemüht. Und abermals bestehen hier sichtbar Verbindungen zwischen der Ästhetik der jeweiligen Kunstpraxis sowie der Organisationsform, mit welcher diese unabhängig von den aktuell jeweils hegemonialen Institutionen und Verwertungskanälen entwickelt und gepflegt werden sollte (und noch soll). Dabei lassen sich zwei Pole unterscheiden: Am oberen geht man vom in der Kulturindustrie jeweils erreichten Stand der Produktivkräfte aus – was jemanden wie Andy Warhol, der in hocharbeitsteiligen und -effizienten New Yorker Werbeagenturen sozialisiert wurde, um 1960 fast notwendig zur Idee einer Factory bringt, wo Kunst fabrikmäßig (de facto eher: manufaktorisch) konzipiert und produziert wird. Ebenso einschlägig wäre hier auch das langfristig gescheiterte Fluxhousing-Projekt von George Maciunas zu nennen, dessen Idee darin bestand, die frühmoderne Künstlerkolonie aus ihrer ruralen Tradition (à la Worpswede) nach Soho, d. h. ins maximal Urbane und Moderne, umzutopfen.[71] Am unteren Pol stehen hingegen die Vertreter armer, billiger, dafür reaktionsschneller und garantiert unabhängiger Organisationsformen in Musikproduktion, Verlagswesen und Kunstdistribu-

71 Thomas Kellein, *Der Traum von Fluxus. Georges Maciunas: Eine Künstlerbiographie*, Köln: Verlag der Buchhandlung Walther König 2007, S. 131-141.

tion. Auch hier korrespondieren Arbeitsweise und Ästhetik, was tendenziell zur Aufwertung sozialer Effizienz und elementarer Formate führt, bisweilen auch zu taktischem Dilettantismus.

Bei allen Unterschieden waren jedoch beide Pole – ebenso wie alles, was dazwischen seit den 1960ern an Indie-Labels, Off-Galerien, freiem Theater oder Fanzine-Kollektiven siedelte – um Formen der Vervielfältigung herum organisiert. Als zentrale Parameter für Reichweite, Relevanz und soziale Dichte galten Auflagenhöhe und Herstellungsqualität, also Kategorien der künstlerischen Fertigung. Da der Rezipient_innenkreis dennoch notwendig klein blieb, entstand in den betreffenden Milieus alsbald ein neues soziales Selbstverständnis von bezeichnender Ambiguität: Fand man sich doch plötzlich in einer Welt knapper Objekte wieder, denen aus externer Perspektive, sofern sie ja nur wenige erreichten und technisch von geringer Qualität waren, ihre Irrelevanz aufgeprägt schien. Andererseits konnte sich die kleine Gruppe, die sich für solche Nischenproduktionen interessierte, zugleich in struktureller Nachfolge zur traditionellen Geschmackselite sehen – als notwendig kleine, weil feine Loge derer, die wissen, was gut ist. Diese Überblendung aus Abkopplung und Spitze wurde zum generellen Signum der seit jenen Jahren zunächst langsam, dann explosionsartig zunehmenden Ausdifferenzierung von Nischen-, Nerd- und Expertenkulturen – wozu man übrigens mittlerweile auch die Kleinauflagen-Objekte der bildenden Kunst zählen kann. Denn sosehr diese anfangs eine egalitäre Öffnung weg vom postfeudalen Kult des Originals manifestierten, so unterschiedslos konvergieren ihre Auflagenzahlen doch mittlerweile mit jenen der vormals massenkulturell entgegengesetzten, nun aber fast ausnahmslos auf Galerienradius zusammengeschrumpften Produktionssphären künstlerischer Tonträger, Zeitschriften, Bücher, DVDs oder auch Sitzgelegenheiten. Jenseits von Merchandising scheint sich gegenwärtig alles spartenübergreifend auf die einstige Kunst- wie auch (Sub-)Underground-Größenordnung von um die fünfhundert Exemplare einzupendeln.

Umso mehr gewährt das Hingezogensein zu den zwischen Knappheit und Verknappung oszillierenden Kunstobjekten einer Sparte – ganz wie im alten Bürgertum – nach wie vor Zugang zu einer Rezeptionsgemeinschaft, deren Mitglieder sich wechselseitig ihrer autonomen, durch wissende Konsumentscheidungen angezeigten (Geschmacks-)Empfindungen versichern, also gleichsam die soziale Objektivität nachreichen. Was ihnen heute allerdings – im Gegensatz zur Glorie früherer Rezipient_innengemeinschaften – weitgehend abgeht, ist gesellschaftlicher Einfluss. Mögen sich vorauseilend schuldbewusste Subkulturen und Rezipient_innenkollektive auch noch so viel und schrill für vermeintlich eingefahrene Distinktionsgewinne geißeln oder intern kritisieren – spätestens an der Ausgangskasse des Karrieremarkts stellen sie in prekärer Eintracht fest, wie wenig ihre (egal wie eingebildeten oder realen) nischeninternen Statusvorteile sich noch allgemeingesellschaftlich verwerten oder auch nur renegatisch konvertieren lassen. Beständiger bleibt dagegen die andere Hälfte der alten Freuden von Kunstreligion und Konversation: die Intensität und kulturelle Dichte, mit einem Wort: Erbauung – natürlich im Rahmen überschaubarer Ursache/Wirkungs-Relationen. Verlässlich bleibt sie das beste Hausmittel gegen Entfremdung, wenn auch zusehends ohne den sozialen Resonanzraum, wo sie als solche honoriert oder doch immerhin bemerkt würde.

Ebenso wie die inzwischen weitgehende Inkonvertibilität alt-analogen Nischenkapitals zur monetären Außenwelt hat auch das Überleben von Bohème-Strukturen in der digitalen Kultur seinen wirtschaftlichen Grund. Das nunmehr globale und Massen erreichende Geschäftsmodell des Cyberkapitalismus beruht ja auf der altsubkulturellen, seinerzeit von Mailorders, Fanzines und Undergroundpresse bestrittenen kulturellen Fütterung und auf wechselseitiger Bestätigung von zwar räumlich maximal verstreuten, aber gleichermaßen intensiv rezipierenden wie entsprechend konsumierenden Spezialisten. Die Wurzeln reichen zurück in die US-Counterculture der 1960er. Denn kaum wurden dort – in autonomen Szenen und Kommunen – die ersten Frühformen dezentral-spezialisierter Rezipient_innengemeinschaften sichtbar, kam dem Weltgeist in Gestalt des vifen Boys-About-Bay-Area und Festival-Organisators Stewart Brand umgehend die Idee, die diversen Sezessionisten mittels rollender Geschäfte rundum zu versorgen: vom alternativen Handwerkszeug bis zur alternativen Kulturware, also mit all den coolen Dingen, die es damals nur in Kleinauflage gab. Findig, wie er war, verlagerte er seine Energien jedoch bald schon weg vom mühseligen Einzelhandel hin zur Schaffung einer Plattform, was damals konkret hieß: Erstellung und Versendung eines Katalogs, der die unübersehbare Vielfalt bündelte und neben den Angeboten Listen mit Bestelladressen bot – die Geburt von Amazon und Google aus dem Geiste der Hippie-Kultur. Brands sogenannter *Whole Earth Catalogue*, den spätere Ökonomisierer des World Wide Web wie Bill Gates, Perry Barlow oder Steve Jobs nicht von ungefähr wiederholt als Vorläufer benannt haben, fand bald tatsächlich auf der ganzen Welt seine Pendants. Auch in meiner Jugend lasen wir Musik- und Undergroundzeitschriften nicht in erster Linie wegen der redaktionellen Beiträge, sondern wegen der mehrseitigen Mailorder-Anzeigen des Flash-Versands in Unterlüß. Parallel dazu installierte der in Deutschland bald führende Zweitausendeins-Versand in seinem *Merkheft* (wie zuvor schon Brand in seinem Katalog) eine Art zweites Feuilleton. Und selbst der um Mitte der 1970er noch weitgehend unsichtbare queere Underground konnte via Mail-Art seinerzeit schon zwischen so entlegenen Orten wie Toronto und Leeds kommunizieren und dabei so unterschiedliche Akteure wie die Gruppe General Idea und den bereits erwähnten COUM-

Performer Genesis P. Orridge analog vernetzen. So gesehen sind die global organisierten Nischen, die aktuell den webkulturindustriellen Alltag prägen, schon damals weitgehend vorgeformt.

Nichtsdestoweniger hat die selbstorganisatorische Milieukommunikation im Zuge der Vernetzung sämtlicher Kenner_innenzirkel durch digitale, instantane und ökonomisch wie kontrolltechnisch oligopolisierte Plattformen inzwischen eine neue Qualität erreicht. Diese zeigt sich vordergründig darin, dass jetzt (außer einigen erloschenen Hochkultursphären) so gut wie alles, selbst das einst Obskurste, seine globalen Knotenpunkte generiert – vom Psychedelic Funk bis zum südamerikanischen Schamanismus. So wird der ehedem lokal bzw. medial gehemmte Datenaustausch-Kick der jeweiligen Interessenten schlagartig entgrenzt, was Feld um Feld eine globale Kettenreaktion begehrenden Sammlertums auslöst, das seine semi-raren Kult(ur)objekte nun zu den Bedingungen des Digital-Nerdismus ›shared‹. Mag der ökonomische Profit dieser Entfesselung auch einseitig den Plattformen zufallen, so wirkt doch selbst noch hier die zuvor beschriebene Kultur der Ansteckung. Jedoch basiert diese nun kaum mehr auf der viszeralen, reizhaften Wirkung der vervielfältigten Bilder, Töne und begleitenden Texte selbst, sondern fast ausschließlich auf deren Faktenform. Anstelle etwa jenes kollektiven Schauers, den die seltene Schallplatte bei Eingeweihten einst verursacht haben soll, treten so zunehmend Nerd- bzw. Tastatur-affine Positivismen wie Bestellnummern, Tracklaufzeiten oder Schätzpreise. Neu sind allerdings auch hier eher das Ausmaß und das digitale Display als das leitende Prinzip. Denn schon immer war und bleibt die Grenze jeder Rezeptionsnische ihr Begehren nach Legitimität, nach gesellschaftlicher Anerkennung oder Wirkung. Und je unleugbarer diese ausbleiben, desto manischer verlegt man sich aufs Datensammeln. Pierre Bourdieu hat das schon am Beispiel von Film-, Jazz- und Comic-Fans der 1960er schön beschrieben.[72] Hier kommt allerdings noch hinzu, dass die Index-Künste schon von sich aus faktenförmiger gedeihen als ihre Symbol- und Ikon-basierten Vorgänger.

Neben dem Distributionsproblem, auf das man mit der Selbstorganisation antwortet, gibt es natürlich noch weitere Gründe, die Rezipient_innengemeinschaften der Underground- und Gegenkulturen abweichend zu organisieren. Einer der folgenreichsten Vorstöße in diese Richtung ist das Festival. Anders als beim selbstorganisierten Kulturwarentransfer, der sich strukturell eher in Nachfolge und Differenz zur bürgerlichen Hausmusik vollzieht, geht es hier mehr um ein Pendant und Gegenstück zum nachfeudalen Festspiel und Gesamtkunstwerk. Nun gibt es für die Rezeption von Pop-Musik oder eine »Music & Art Fair«, wie die Genre-Selbstbezeichnung des historischen Woodstock-Festivals lautete, eigentlich kaum ungünstigere Bedingungen als ein Publikum von einer halben Million Leuten nebst der zugehörigen Logistik, Verwaltung und Infrastruktur. Dennoch hat das oft totgesagte Festival-Modell sich länger gehalten als die meisten anderen Erfindungen der alten Counterculture. Am erfolgreichsten und vielleicht auch interessantesten ist heute das der Pflege und Feier von Esoterik, Extrem- und Außenseiterkunst, Halluzinogenen und freier Sexualität dienende Burning-Man-Festival, das charakteristischerweise weitgehend ohne Pop-Musik-Acts auskommt – aber auch die vielen zwischen politischem Anspruch und künstlerischem Außenseitertum vermittelnden temporären Gegenöffentlichkeiten wie etwa das Fusion-Festival im Berliner Umland. Die Sehnsucht nach einem anarchistischen Staat, der nichts ist als ein Schutzraum für Experimente mit dem eigenen Leben, ist mit Recht nicht so leicht totzukriegen.

72 Vgl. Pierre Bourdieu, *Die feinen Unterschiede. Kritik der gesellschaftlichen Urteilskraft*, Frankfurt/M.: Suhrkamp 1987, S. 54 bzw. S. 154f.

Ökonomisch sollte das Festival ursprünglich die begehrte sekundäre Liveness optimal distribuieren. Leider wurde es inhaltlich-politisch zusätzlich mit dem problematischen Gesamtkunstwerk-Anspruch befrachtet, die Utopie einer Symbiose aus Kunst und Gemeinschaft verwirklichen zu sollen – zwar nur transitorisch, doch dafür umso perfekter. Das Problem dabei war weniger, dass Festivals in Wirklichkeit meist enttäuschende, besoffene, schlammige Oktoberfeste waren. Das Problem war vielmehr, dass man ausgerechnet aus der zur Hälfte ja immer zutiefst einsamen und narzisstischen Pop-Musik direkt Gemeinschaftsvorstellungen gewinnen wollte. Wenn es dafür relevante Anknüpfungspunkte gab, so hätte man sie eher in der Ansteckungskultur von Jazz, Improv, Minimalismus oder auch Performance-Kunst suchen müssen. Doch für Ansteckung waren die Gelände natürlich viel zu groß.

Trotzdem überlebte ein Aspekt des *Healing Festivals*, wie Tim Buckley es besungen hatte, oder auch des »Free Festivals«, wie David Bowie (der das, von dem er 1970 in *Memory of a Free Festival* sang, 1969 selbst organisiert und kuratiert hatte) es nannte. Denn mögen auch alle anderen Elemente der nachpopulären Künste, wie sie hier ihren Auftritt hatten, nicht festivalgeeignet sein – einer war es doch: die Deregulierung von Dauer, d. h. die 1960er-Jahre-Erfahrung, dass man eine Sache nur immer länger betreiben, das Ende nur immer weiter hinausschieben muss, solange es eben dauert – und plötzlich ändert sich die Qualität. Nur dass diese Erfahrung, von Ausnahmen abgesehen, auf den Festivals noch seltener pur zu haben war als dann in den endlosen Techno-Nächten der 1990er und bis in die Gegenwart – und damit wieder einmal in geschlossenen, sozial dichten Räumen, wo es keine Bühne, keine Vorführung gibt, sondern gewissermaßen alle für alle performen. Und das in einer Ästhetik, die dem musikalischen Minimalismus und den psychedelischen Licht- und Raumkünsten Entscheidendes verdankt.

Die auf dem Index-Effekt basierenden Künste führen interessanterweise einerseits zu eher einsamen, gelegentlich solipsistischen Praktiken, bilden andererseits aber auch neue Formen von Gemeinschaftlichkeit aus. Womöglich liegt in dieser Spannung auch ein Weg zur Beschreibung ihres Kunstcharakters. Im ersten Schritt haben diese Künste durch die Übertragung von Personen in ihrer realen Körperlichkeit fasziniert (Slapstick, Mae West, Sinatra, Dylan), dann aber haben sie genau diese Erfahrung der realen Körperlichkeit reflexiv verarbeitet, als Möglichkeit, sich selbst als Künstler, Performer zum Körper zu machen oder andere in ihrer Körperlichkeit zu inszenieren (Warhol, Ridiculous Theatre) – um schließlich zu erkennen, dass dieser Effekt des Sich-selbst-zum-Körper-Machens, des Zum-Objekt-für-andere-Machens eine bestimmte Form von Gemeinschaftlichkeit begünstigt, eine Umleitung des für den Index charakteristischen Verursachungseffektes in die Organisation von Gemeinschaften der Gegenseitigkeit von Beobachtung, Ansteckung und Vibration (Metal, Cardew, Festival, Rave). Dabei braucht solche Lebendigkeitsästhetik jedoch stets die Qualifizierung durch einen (künstlerischen) Kontext, will sie nicht nur fixe Ideen aus der Lebensphilosophie wiederholen.

Ihre Verfehlungen resultieren meistens daraus, dass eine Seite der Spannung zwischen Objektwerden einerseits sowie der subjektiven Freiwilligkeit und narzisstischen Inszenierung dieser Objektwerdung andererseits überbetont oder fetischisiert wird. Schließlich besteht die eigentliche Erkenntnis darin, dass ich mich nur dann als körperlich-lebendig fremdgenossen empfinden kann, wenn ich von Anderen beobachtet oder gehört werde; dass die Verursachungslogik des Index also immer auf die Zeichenhaftigkeit und damit einen Mitteilungswert angewiesen ist, um die verführerische Objektivierung dessen, was die Basis aller Subjektivität ist, entfalten zu können: dass man nämlich ein lebendiger, mithin auch sterblicher Körper ist. Dies wäre eine Kunst, die nicht auf Ewigkeit und Geschichte hin angelegt wäre, dem flüchtigen Subjekt also in Selbstüberschätzung die ars longa gegen die vita brevis zutraut, sondern, wie es Foucault am Ende von *Les mots et les choses*[73] der Psychoanalyse und der Ethnologie zuschreibt, von der Endlichkeit her gedacht wäre.

Im digitalen Zeitalter haben viele Genres des Index ihre Kraft verloren – und zwar ganz unabhängig davon, wie man die strittige Frage beantwortet, ob digitale Photos und digitale Klangaufzeichnung überhaupt noch indexikal genannt werden dürfen. Elektronische Bilder wurden zunächst als Zunahme von Dekor, Simulation und künstlicher Welt gedeutet. Tatsächlich explodiert ihre Zahl im Gegenteil dort, wo sie Dokumente der einen oder der anderen Art sind oder als solche gelten, mithin dort, wo man sie indexikal nennen könnte oder sie die indexikalen Bilder beerben. Ein für uns besonders relevanter Fall ist dabei unweigerlich das Selfie – ist es doch gewissermaßen der entfernte Nachfahre Warhol'scher Screen Tests, nämlich als Verallgemeinerung der Entdeckung, dass ich mich als Objekt, Posierender, Sich-zur-Verfügung-Stellender *selbst* inszenieren kann. Gerade an diesen Beispielen wird allerdings auch deutlich, dass Subjekte auf allen zuvor beschriebenen Stufen der Indexikalität eben nicht gestrichen, sondern nur anders in die künstlerische Konstellation eingebaut wurden: als Ermöglicher, Bezeugende oder Mitstreiterinnen, nicht dagegen mehr als große Planende. Umso mehr fällt beim solipsistischen Selfie und der positivistischen Flut ungedeuteter, sensationeller Bilder auf, dass hier eben die Regie, die Ansteckung und die Bildunterschrift fehlen, die das indexikale Kunstwerk auszeichnen. Da hilft es dann auch nicht mehr, wenn virale Effekte, ob gesteuert oder

73 Michel Foucault, *Die Ordnung der Dinge. Eine Archäologie der Humanwissenschaften*, Frankfurt/M.: Suhrkamp 1974, S. 442-462.

unbeabsichtigt, die Logik der Ansteckung in die digitalen Netzwerke übersetzen, wo Bezeugen und Mitmachen verfließen.

So zeigen sich im Rückblick durchaus Kategorien, mit denen indexikale Kunstwerke ästhetisch zu bewerten wären: Wirkung geht auf Einzelne aus, überraschend, schockhaft, doch in einem Kontext. Dieser sollte möglichst nicht entschärfend, dämpfend, aber kontextualisierend sein, und zwar entweder so undidaktisch wie möglich oder aber crazy überdidaktisch – und das idealerweise in einer Live-Situation. Die Wirkung geschieht durch ein Einbezogensein, das mit der Überraschung verbunden ist. Es liefert eine Art verzögerte soziale Antwort auf den individuellen starken Eindruck. Es ist, wie anlässlich der Baoulé schon angedeutet, die Aufführung der Rezipient_innengemeinschaft im Übergang zu einer bezeugenden, teilweise produzierenden.

Eine weitere Kategorie wäre der Umgang mit den jeder Planung, Regie, aber auch individueller Lektüre widerstehenden Teilen des indexikalen Kunstwerks. Da wir schon verschiedentlich die Vorgeschichte im Surrealismus gestreift haben, liegt es nahe, hier zwei prominente Motive aufzugreifen, die den historischen Surrealismus und unsere Phänomene verbinden. Dies wäre zum einen der überschwappende Schmutz bzw. formlose Rest, wie Georges Bataille ihn oft beschrieben hat und wie er die filmischen und musikalischen Index-Künste von Anfang an begleitet: Rauschen, Fehler, formlose Anteile des technisch Übertragenen. In der digitalen Kultur, vor allem im Post-Techno um 2000, hat man diesen nun digitalen Index-Dreck zuletzt als Glitch fetischisiert und/oder reflektiert. Auch in der No-Input-Mixing-Desk-Musik wird versucht, alles, was zu musikalischem Code gerinnen könnte, bewusst herauszuhalten, so dass nur der elektrische Dreck und seine Spannung übrig bleiben. Doch immer schon lag hier eine ästhetische Entscheidung zugrunde, ob beim selbst den Dreck verkörpernden Iggy Pop (»I am dirt and I don't care«) und seinem Wiener Übersetzer Ronnie Urini (»I bin a Dreck und es schert mi ned«) oder in der Variante, dass man den Dreck im schrillen Kontrast zum strahlend herbeigezauberten Pop-Star neben diesem hindrapiert bzw. geschehen lässt, auf dass der Star nur desto heiler oder geiler wirke. Immer wurde hier zuvor bewusst entschieden, und es wäre deshalb unsinnig, sich einer Bewertung des Umgangs mit dem Dreck, ob physisch, psychologisch oder elektronisch, per se zu verweigern. Dies gilt umso mehr angesichts der aktuellen Tendenzen in der bildenden Kunst, mit dem elektronischen Dreck des Internets zu arbeiten – von Ryan Trecartin bis hin zu Mike Kelleys an Bataille orientierter Forderung an Kunst und Pop-Musik, säkulare Rituale zu liefern: Wenn ich das bin, was ich verursache, bin ich naturgemäß auch Scheiße.

Das zweite Stichwort wäre die ebenso berühmte »profane Erleuchtung« aus Benjamins »Sürrealismus«-Aufsatz.[74] Was sonst soll die dort beschworene »materialistisch-anthropologische Inspiration«[75] sein, zu der Haschisch und Opium nur die Vorschule abgeben, wenn nicht der Kick durch Ansteckung und Index-Zeichen? Und dies selbst dann, wenn dieser Kick seit Benjamins Essay an Intensität zugenommen hat, während die vom Autor als prärevolutionär empfundenen Verhältnisse, die dazu seinerzeit den Hintergrund bildeten, sich im kybernetischen Kapitalismus verflüchtigt zu haben scheinen. Indes zeigt sich in allen Fällen, dass sich die Form eines nachpopulären Kunstwerks durchaus bestimmen lässt, und zwar genauer als bloß in Form einer mehr oder weniger geeigneten Kontextualisierung unkontrollierbarer Zeichen-, Kick- und Realitätsmächte. Nämlich einfach im Hin-

74 Walter Benjamin, »Der Sürrealismus. Die letzte Momentaufnahme der europäischen Intelligenz«, in: ders., *Gesammelte Schriften*, Band II.1: *Aufsätze, Essays, Vorträge*, S. 295-310, vor allem S. 297.
75 Ebd., S. 297.

blick darauf, dass man merkt, ob die Performance (nicht notwendig die Performer_in) ›weiß, was sie will‹, ob sie also selbst im maximal abgeleiteten Trash-Fetisch noch gezielt dafür Sorge trägt, dass entweder, wie Benjamin fordert, »für den Groschen Sinn kein Spalt bleibt«[76] oder dieser alles überflutet und sich mit dem Dreck vermischt. Mike Kelley, der in diesem Sinne zu verstehen wäre, hat gegen Ende seines Lebens immer wieder geäußert, dass eigentlich nur noch die radikale (vor allem: japanische) Noisemusik, wie etwa Masami Akita aka Merzbow sie unablässig produziert, rechtmäßig dort weitermache, wo Rock 'n' Roll und Surrealismus, Ridiculous Theatre und Orgienfilm irgendwann aufgegeben hätten: beim Umgang mit dem überschwemmenden Rauschen.

Jene Generation, die seit 1960 mit Index-basierter Kunst gearbeitet hat, mit Schocks und Übergriffen, mit Verführungsexperimenten und überwältigender Immersion, wollte – in und angesichts einer Welt kapitalistischer Abstraktion und/oder Spektakelablenkung, die keinen Zusammenhang zwischen Handlungen und Konsequenzen mehr sehen wollte – trotzdem Erfahrungen machen oder möglich machen. Und sie hat Erfahrungen gemacht. Doch blieben diese Erfahrungen zumindest gesellschaftlich eine Enttäuschung. Denn ihre Kunst hatte zwar Konsequenzen, aber kann je die erwünschten. Oder nicht an der erwünschten Stelle. Und wo sie diese ausnahmsweise doch einmal hatte, war sie keine Kunst mehr, sondern bloß noch bürokratische Didaktik. Um aber zur vollständigen Erfahrung zu werden, hätte die Enttäuschung durchgearbeitet werden müssen. Kunst – so die Erfahrung der Index-Effekt-basierten Künste – gelingt nicht da, wo das Subjekt zielt und intendiert. Das heißt aber nicht, dass sie gar nie gelänge oder ohne Subjekte auskäme. Und dies gilt auch für ihre politischen Wirkungen.

76 Ebd., S. 296.

Deshalb machen posthumanistische und subjektskeptische Theorien es sich zu leicht, wenn sie aus diesen Erfahrungen nur die Konsequenz ziehen, subjektbasiertes Handeln ganz zugunsten von Verkettungen und Assemblagen aufzugeben und sich so in ein subjekt- und intentionsloses Spiel der gleich wichtigen Verursachungsbeziehungen einzuspinnen. (Meist beeilen sich solche Leute gleich hinzuzufügen, dass die Begriffe ›links‹ und ›rechts‹ ja eh nichts mehr besagten). Doch markiert diese Konsequenz oft nichts anderes als die Verwechslung des Gehalts der (politischen) Enttäuschung mit etwas, was man nun für die gültige Struktur von (Nicht-)Erfahrung hält. Stattdessen gibt es jedoch ein neueres, zweites, späteres Subjekt, das oft eines des Handeln-Lassens, des Zulassens, des Posierens und Gelegenheiten-aufkommen-Lassens ist, nicht eines der gezielten Aktion. Es ist ein Subjekt, das sich zum Objekt machen oder dies zumindest zulassen kann; es ist ein weiches oder schwaches, stets ergänzungsbedürftiges Subjekt, das angesichts seines Angewiesenseins auf ein Medium dieses nun nicht mehr durchstoßen oder dominieren will, sondern sich von dessen kalter Objektivität tragen und umschmeicheln lässt. Gleichwohl markiert sein Aufkommen bloß einen bestimmten historischen Moment, nicht etwa das Ende sämtlicher historischer Prinzipien oder gar der Menschheit. Sich hiervon anstecken zu lassen, ist ebenso wichtig, wie es auf anderer Ebene – nämlich jener der politischen Organisation – wichtig ist, mit sehr langfristigen, sehr planungsdichten Absichten zu arbeiten.

Bleibt die Frage, inwieweit die digitale Kultur langfristig für einen Bruch mit der Index-basierten, nachpopulären Kunst steht. Technisch liegt das auf der Hand: Durchbohrungen werden jetzt direkt in Code übertragen, nicht nur von Code eingebettet und gerahmt. Doch allein technisch wird sich dies nicht klären lassen. Solange Index-Akte in Ton und Bild produziert werden, ist es zweitrangig, ob sie ›sauber‹, also im technisch-medialen Sinne indexikal sind.

Die digitale Kultur ist voller Verschärfungen der klassischen Komponenten Index-basierter Kunst, ebenso von massenhafter voyeuristischer Beobachtung des Unverfügbaren. Und dessen gezielte Produktion und Vermarktung gedeiht ganz unabhängig davon, ob es technisch noch korrekt ist, bei heutigen digitalen Aufzeichnungsmedien von indexikalen, nämlich physisch verursachten Aufzeichungen zu sprechen – solange das bleibt, was man gewissermaßen eine indexikale Pragmatik nennen könnte, einen indexikalen Sprechakt.

Anders ist dies, wo die Abwesenheit von Indexikalität offensiv und ostentativ zum ästhetischen Programm wird. Man kann dies in vielen, vor allem musikalischen, aber auch film-künstlerischen Arbeiten beobachten, die in der Unmöglichkeit indexikaler Relationen in digitaler Kultur weniger eine Affirmation oder einen Fatalismus der kompletten Künstlichkeit oder Klaustrophobie einer kalfaterten Kulturwelt erkennen, sondern gegen den Index vor allem das in Stellung bringen, was er meistens übertragen hat: männliche Körperlichkeit (keineswegs nur heterosexuelle), männliche Aggression und die Stabilisierung des Konzepts Charisma als einziger Konstante einer Kunst ohne andere Regeln als denen des Marktes. Digitale Künstler_innen von Holly Herndon bis Jenny Hval, FKA twigs bis Fatima Al Qadiri und einige der als Post-Internet-Art vermarkteten Positionen versuchen in ihren schraffierten, (unmystisch) flächigen, oft süßlichen Soundkreationen und Stimminszenierungen, Überforderungsnarrationen und sentimental-ironischen Schlaffheitsperformances nicht so sehr gar nichts zu übertragen, noch etwas positiv Nichtmännliches, sondern mehr eine aggressiv angenehme Gewaltlosigkeit und Zwanglosigkeit, die so etwas andeutet wie das endgültige Verschwinden der f. p.s – wenn auch einstweilen eher andeutungsweise und nicht ohne eine Unheimlichkeit, die zugleich die Abwesenheit des Verschwundenen zu verarbeiten scheint.

Inmitten dieser Kultur einer Mischung aus Sich-selbst-Fremdwerden und einer heilenden Befreiung, einer abschüssigen Ebene, in der sich eine durch New-Age- und Esoterik-Techniken hindurchgegangene Selbstsorge mit ihrer eigenen feministischen Ironisierung trifft (wie in der von Laura Dern entwickelten und produzierten HBO-Serie *Enlightened*, in der sie auch die Hauptrolle spielt) – inmitten dieser eher noch namenlosen kulturellen Subjektivität, in der sich queere und dezidiert nicht-männliche ästhetische Habits mit einem gleitenden Genuss an digitalen Oberflächen verbinden, entstehen aber auch Index-basierte Formate, die mit der Idee einer reinen Indexikalität ganz anders umgehen als beispielsweise Noise mit seinen Spuren von männlicher Aggression. Ich denke an das sagenhafte, vor allem von dem Autor Clemens Setz mehrfach beschriebene Gefühl, das vom »Umblättern, [...] leisen Kratzen von Bleistiften (oder dem) vorsichtigen Wühlen in einer Handtasche« oder durch »das Räuspern von Menschen« in einer Bibliothek ausgelöst wird und den Autor in einen Zustand »gesteigerter Konzentration« versetzt, mit einem »angenehmen Spannungsgefühl [...] im Nacken«: »Ich wurde ein wenig high.« Dieses Gefühl, mittlerweile als »Autonomous Sensory Meridian Response« (ASMR) gelabelt, wird von einer Vielzahl sogenannter Trigger-Videos angepeilt, in denen Menschen etwa sehr leise und betont absichtlos sprechen, kleine alltägliche Geräusche verursachen und dies mal mehr, mal weniger in andere, künstlerische Inszenierungen einbetten: »Die stärkste ASMR-Entladung meines Lebens hatte ich bei einem Video, in dem ein Australier namens Dmitri mit Holzstückchen spielt. In einem bestimmten Punkt reibt er sie ganz nahe am Mikrofon seiner Kamera aneinander, sagt ›there ... there ...‹ und macht dann ein neutrales Kehlgeräusch, ein tonloses ›hmmm‹. Leerer könnte kein Augenblick sein. Er bedeutet nichts. Aber als er eintrat, wölbte sich das Universum in mir, und ich war gerettet. Oder wie Peter Handke aus Anlaß der Vollendung seiner Kindergeschichte in sein Tagebuch schrieb: ›So fern vom Tod war ich nie‹.«[77]

Eine kleine Zusammenfassung

Phonographie und Photographie zeichnen nicht nur organisierte Klänge und Bilder auf, sondern immer auch ein Stück Welt. Dieses unkontrollierte und nie ganz beherrschbare Stück Welt rückt im Laufe des zwanzigsten Jahrhunderts ins Zentrum der Attraktivität von Kunstwerken und unterwandert dabei die subjektiven, intentionalen Pläne von Künstlern und Autoren. Ab 1960 (plus/minus fünf Jahre) wirkt sich das fundamental auf künstlerische Formate, Genres und Institutionen aus, die diesen neuen Zustand zu organisieren versuchen. Dabei identifizieren sie – ohne diese Begrifflichkeit, denn sehr lange halten sie sich noch vor allem für Künstler – eine Logik der Verursachung, die in den Kunstwerken arbeitet und zu der man sich anders verhalten muss als ehedem. So entstehen zugleich betont kollektive, dann aber auch passivistische, auf Posen und einem Sich-zur-Verfügung-Stellen basierende Performances. Es gibt euphorische Reaktionen auf die neue Macht, das jubilatorisch begrüßte eigene Bild selbst verkörpern und beherrschen zu können, aber zugleich wächst auch die Einsicht, dass es eben nicht die reine Performance ist, die etwas verursacht, sondern dass sie über das objektive, tote Bild der Kamera gespiegelt werden muss – oder dass andere Objekte, Zufälle, Kollektivitäten den Künstler und die Künstlerin verursachen müssen, dass man sich also

77 Clemens Setz, »Das namenlose Gefühl«, in: *Süddeutsche Zeitung*, 7.4.2015, S. 12, online unter ⟨http://www.sueddeutsche.de/kultur/gastbeitrag-das-namenlose-gefuehl-1.2423469⟩, letzter Zugriff am 6.10.2016.

zum Objekt machen lassen muss, ohne deshalb die subjektiven Anteile je loswerden zu können. Irgendwie muss man umgehen mit dem langweiligen Muff der Intention, sich bis zu einem gewissen Grad abschaffen, abgeben, um dann wieder als lebendige Person und paradoxerweise umso machtvoller in einem Bild, auf einem Tonträger und schließlich bei einem Rezipienten landen zu können. Die dabei entstehenden Effekte glichen oder ähnelten denen von Sex und Gewalt, und so orientierte man sich an deren Skripten – im ungünstigsten, kulturindustriellen Fall, indem man Sex und Gewalt einfach nur (ikonisch) zeigte, statt dem übergriffigen Effekt indexikaler Aufzeichnungen auf den Grund zu gehen. Index-Effekte brauchen immer Rahmungen, auch wenn es natürlich den künstlerischen Ehrgeiz anstachelt, sie loswerden zu wollen, sie ganz den Drogenwirkungen anzugleichen, die das andere Metaphernreservoir bilden, mit denen man sie vergleicht. Doch desto wichtiger wird ein Bewusstsein für das, *was* man rahmt, *wenn* man rahmt; was man von den Subjektivierungen und Desubjektivierungen erwartet. So zeitigt wohl letzten Endes doch immer noch und wieder eine kritische Aufgeklärtheit die besten Index-Effekt-Werke – allerdings immer vor dem Hintergrund, dass der Kick, die Auslösung, Verursachung etwas hervorbringt, ›macht‹ (auch mit Autor_innen), das man vorher nicht kennt, nicht kontrollieren kann und das man gerade deshalb sucht. Daher auch die Probleme einer politischen Eingriffskunst.

Der Fall Brasilien: Eine Populärkultur und eine Designtheorie

Um aber nicht mit einem Resümee, sondern lieber mit einem relativierenden Exkurs zu enden, möchte ich zum Abschluss darauf hinweisen, dass der bis hierher beschriebene nachpopuläre Zustand keineswegs schon überall erreicht ist.[78] Mein Beispiel dafür ist Brasilien: Immer wieder haben sich dort die modernistischen und postmodernen Avantgarden mit der Populärkultur verbunden, so dass es in diesem ganzen riesigen und so diversen Land tatsächlich keine Hochkultur gibt, die sich nicht unausgesetzt mit dem Populären verknüpfen würde: von den hochintellektuellen konkretistischen Poeten, die Texte für die Songs der MPB (Música Popular Brasileira) schreiben, bis zu den Avantgarde-Komponisten, die sich von afrobrasilianischen und indigenen Musikkulturen nicht nur inspirieren lassen, sondern mit ihnen, wie Walter Smetak, auch auf institutioneller Ebene zusammenarbeiten. So gut wie immer sind die Institutionen der High Art hier zugleich auch solche der Populärkultur, und die Verbreitung über indexikale Medien ist deutlich weniger relevant als die ständige Reintroduktion aller Artefakte in Straßen-, Ritual- und Karnevalskultur.

Jedenfalls ist das der Stand um 1970, als im globalen Nordwesten bereits das vollzogen wird, was ich hier beschrieben habe. Trotzdem stammt gerade von einen Brasilianer (im Londoner Exil) der Song, der für mich den Kern aller Indexbasierten Kunst auf den Punkt bringt, ein Song, in dem es heißt: »I am alive, alive, muito vivo, but one day I must die.«

Rogerio Duarte, Musiker, Grafik-Designer und Theoretiker, hat in seinen »Notas sobre o desenho industrial«[79] die anti-aristokratische, anti-hierarchische brasilianische Topologie der Benutzung von Kunstwerken, Designobjekten, Fruchtjoghurt oder Pop-Songs beschrieben und gefordert. In diesem Zuge hat er sie als Praxis einer post-metaphysischen Kunst

78 Zur Präsenz verschiedener populärer Künste in Südamerika vgl. Ticio Escobar, *El mito del arte y el mito del pueblo. Cuestiones sobre arte popular*, Buenos Aires: Ariel 2014.

79 Rogerio Duarte, »Notas sobre o desenho industrial« (1965), in: ders., *Marginalia 1*, Berlin und Frankfurt/M.: Bom Dia Boa Tarde Boa Noite/Portikus 2013, S. 185-200 (engl. S. 200-216).

ausgelegt, der er für alle ihre Facetten nachweist, industrielles Design zu sein – nämlich als Entwicklung von Ideen, die mithilfe von Verkettungen mit Maschinen realisiert werden. Daneben hat er völlig selbstverständlich auch mit Caetano Veloso Songs geschrieben und ihn am Bass begleitet, außerdem mit und für Glauber Rocha gearbeitet und andere massenproduzierte Dinge entwickelt. Doch als sein Freund Caetano von der Militärdiktatur einige Jahre später nach London getrieben wird, entdeckt dieser dort, dass die »Rechtschaffenheit der Mechanik« noch etwas anderes als den Gebrauch im weitesten Sinne in sich birgt, nämlich die Lebendigkeit selbst. Der Spiegel des Recording bringt die Lebendigkeit der Sterblichkeit hervor. In Velosos Song *Nine Out Of Ten* geht ein Mann die Portobello Road hinunter und hört Reggae, vermutlich vom nahegelegenen, in den 1970er Jahren von Rastafarians frequentierten Portobello Market. Angesteckt und stimuliert vom belebenden Reggae-Klang, entziffert er zugleich dessen ganz konträre Botschaft, dass nämlich das Armageddon – »the final blast« – unmittelbar bevorstehe. Das Sterben ist unvermeidlich, aber es ist jedes Mal nicht nur ein individueller, sondern auch ein politischer Skandal: Der »final blast« hat Schuldige. In dieser Spannung wiederholt der Sänger eins ums andere Mal – auf Englisch und auf Brasilianisch – ziemlich euphorisch, dass er am Leben sei, dass er aber eines Tages sterben müsse. Genauso euphorisch. Und überrascht schließlich mit dem titelstiftenden Satz »Nine out of ten movie stars make me cry. I am alive.«

Und da ist eben alles drin: Denn die einzige Aussage, die ein indexikal mit Bild und Stimme vertretener Star in dieser Indexikalität machen kann, ganz jenseits aller Codes, ist: »Ich bin am Leben, werde aber eines Tages tot sein.« Als brasilianischer Künstler weiß ich aber, dass diese Lebendigkeit aus einem dichten kulturellen Material schon vorher da war; und dass sie nicht etwa ein Theatereffekt ist, sondern aus der allgegenwärtigen populären Kultur kommt. Jetzt plötzlich aber realisiert sie sich zugleich auch als Objekt – das aber wiederum ich selber bin. Ich bin also nicht einfach nur am Leben, wie ein konventionell live auftretender Performer in seinem speziellen Moment, sondern bin bei meiner Performance vor aufzeichnenden Mikrophonen immer jemand, der zugleich am Leben, aber eines Tages tot sein wird. Dies ist nicht die westliche Melancholie des Index eines Roland Barthes, der den Effekt an Bildern seiner toten Mutter kennenlernte, sondern ein Index der Belebung: Dass ich eines Tages tot sein werde, dass der Final Blast notwendig kommt, belebt mich gerade jetzt nur umso mehr. Muito vivo. Ich bin selber nur ein Glied in einer Kette der Verursachungen – und selber deren Rezipient. Als solcher kann ich nur über Effekte auf mich wirken, die du mit denen vergleichen kannst, die ich auf dich, o Rezipient, habe: Neun von zehn Filmstars rühren mich zu Tränen: »Feel the sound of music banging in my belly / Know that one day I must die / I'm alive / I'm alive and vivo muito vivo, vivo, vivo / In the Eletric Cinema or on the telly, telly, telly / Nine out of ten movie stars make me cry / I'm alive / And nine out of ten film stars make me cry / I'm alive.«

Danksagung

Die Einladung, die Frankfurter Adorno-Vorlesungen zu halten, hat mich immens gefreut, und ich bin allen, die vonseiten des Instituts für Sozialforschung sowie des Suhrkamp Verlags daran beteiligt waren, außerordentlich dankbar dafür. Der Namensgeber der Vorlesungsreihe bedeutet mir etwas – wie man diesem Buch entnehmen kann. Und ich fand es wunderbar, von Sidonia Blättler und Axel Honneth, die mich im Institut sehr herzlich empfangen haben, an dessen Wirkungsstätten geführt zu werden. Ich danke Axel Honneth für die großartige Moderation der Diskussionen und das schnelle und punktgenaue Eingehen auf die Vorträge. Viele der Fragen und Diskussionsbeiträge waren für diese Druckfassung der drei Vorlesungen inspirierend; ich erinnere mich nicht an alle und kannte nicht alle, die da sprachen, habe aber sehr hilfreiche Beiträge von Isabelle Graw, Eva Gilmer, Christoph Menke und Daniel Loick in Erinnerung. Pascal Jurt hat die Visuals perfekt eingerichtet und inspirierende Links gestiftet. Vor und nach den Vorträgen haben mir Ideen, Einwände und Vorschläge von Juliane Rebentisch enorm geholfen. Zu einzelnen Themen, aber auch zur Form gab es – mit und ohne Wissen der Beteiligten – rund um die Tage in Frankfurt zahlreiche Anregungen, die einen direkten Einfluss auf den Text hatten, von Freund_innen, Studierenden und Kolleg_innen von der Akademie in Wien sowie von den Gastgeber_innen von Vorträgen und Symposien, nämlich von (in etwa in der Reihenfolge des Auftauchens ihrer Ideen – Entschuldigung an alle, die mir gerade jetzt nicht einfallen): Tom Holert, Marietta Kesting, Seamus Kealey, Werner Kaligofsky, Christian Höller, Katharina Hausladen, Tobias Gerber, Klaus Walter, Michael Bracewell, Heinz Drügh, Moritz Baßler, Anna Barfuß, Inka Meißner, Sarah Lehnerer, Alain Volpe, Jürgen Bock, Mark Terkessidis, Sabeth Buchmann, Constanze Ruhm, Rainald Goetz, Verena

Dengler, Lili Reynaud Dewar, Manfred Stoffl, Wiebke Kannengießer, Max Jorge Hinderer Cruz, Amilcar Packer, Anselm Franke, Manuela Moscoso, Roger Behrens, Manuel Raeder, Detlef Diederichsen, Helen Marten, Susanne Pfeffer, Saâdane Afif, Tony Conrad (†), Camila Sposati, Katharina von Ruckteschell-Katte, Martin Bach, Martin Prinzhorn, Viola Schmitt, Josephine Pryde, Delal Isci, Thiago de Paula Souza und Johannes Ullmaier, der den Text für das Buch großartig lektoriert hat. Ich habe mich bei der Buchfassung weitgehend an den Vorlesungen orientiert und ihre Dramaturgie nicht angetastet. In dieser Form konnten sie indes nur entstehen, weil sie als Adorno-Vorlesungen gedacht wurden – also als Versuch, meine Position ins Verhältnis zu dessen Fragestellungen zu setzen.

Berlin/Wien, Oktober 2016

Über den Autor

Diedrich Diederichsen, geboren 1957, ist Professor für Theorie, Praxis und Vermittlung von Gegenwartskunst an der Akademie der bildenden Künste in Wien und arbeitet außerdem als Journalist, Kurator und Essayist. Er lehrte an zahlreichen Hochschulen im In- und Ausland, unter anderem an der Merz Akademie in Stuttgart, am Art Center College of Design in Pasadena und an der Bauhaus-Universität Weimar. In den 1980er Jahren war er Redakteur von Musikzeitschriften. 2014 erschien sein vielbeachtetes Buch *Über Pop-Musik*, das für den Preis der Leipziger Buchmesse in der Kategorie Sachbuch/Essayistik nominiert war.

Im Suhrkamp Verlag hat er herausgegeben: Martin Kippenberger, *Wie es wirklich war – Am Beispiel. Lyrik und Prosa* (es 2486).